Kraft aus der Mitte des Herzens

Paula Horan • Brigitte Ziegler

Kraft aus der Mitte des Herzens

Ganzwerdung der Gefühle
Eine Gebrauchsanweisung zum Entdecken und Freisetzen des persönlichen Energiepotentials

WINDPFERD
Verlagsgesellschaft mbH.

1. Auflage 1991
2. überarbeitete Auflage 1994

Umschlaggestaltung: Wolfgang Jünemann unter
Verwendung einer Illustration von Peter Ehrhardt
Gesamtherstellung, Schneelöwe, Aitrang
ISBN 3-89385-080-5

Printed in Germany

INHALT

Vorwort

– zur 2. Auflage –

„Bewußtsein ist ungeteilt, makellos und rein. Geh' tief in dieses Wissen hinein und lebe."

H.W.L. Poonja

Seit der ersten Veröffentlichung von „Kraft aus der Mitte des Herzens" ist viel geschehen.

Das Core Empowerment Training wurde mit großem Erfolg in Europa, den USA und Indien durchgeführt. Zur Zeit werden weltweit qualifizierte Trainer ausgebildet, um diese fortgeschrittene Bewußtseinstechnik zu lehren, wo immer Nachfrage und ein tiefes Anliegen besteht. Die Trainer verstehen sich weniger als Lehrer, sondern mehr als Begleiter auf dem Weg zur unmittelbaren Erfahrung des Kern-Selbst.

Die intensive Arbeit mit den verschiedenen Übungen inspirierte neue Einsichten und Erfahrungen. Das Training wurde erweitert und verfeinert und die daraus gewonnenen Erkenntnisse in das Buch aufgenommen. Auf manche Themen sind wir genauer eingegangen, einige der Übungen wurden ergänzt, um mit immer tieferen Schichten des Selbst in Berührung zu kommen.

Dieses Buch ist ein Angebot, Dir selbst zu begegnen. Die Wahrheit des Herzens ist eine mächtige Kraft. Sie kann verwandeln und neue Vitalität und Bewußtheit freisetzen.

Wir wünschen Dir viel Freude auf Deinem Weg zur inneren Kraft.

Brigitte Ziegler,
München, im Juni 1994

Danksagungen

Dieses Buch entstand aus dem Bedürfnis, ein tieferes Verständnis für die Grundkonzepte des Core Empowerment Trainings zu ermöglichen. Während wir den Kurs entwickelten, wurde immer klarer, daß der Schwerpunkt auf der praktischen Arbeit und den persönlichen Erfahrungen mit den Übungen liegen sollte und nicht auf Erklärungen des theoretischen Hintergrundes. Da das Seminar jetzt in sehr konzentrierter Form an zwei Wochenenden durchgeführt wird, war es notwendig geworden, das zugrunde liegende Konzept genauer darzustellen und darüber hinaus den Teilnehmern die Gelegenheit zu geben, schon vor dem Kurs mit der Arbeit an sich selbst zu beginnen. Ein Einführungsabend erwies sich als zu kurz, um alle Aspekte des Trainings zu erläutern. So entstand schließlich die Idee, ein Buch zu schreiben, das den Lesern Anregungen für ihr tägliches Leben geben und gleichzeitig unseren Seminar-Teilnehmern helfen kann, für das Core Empowerment Training besser vorbereitet zu sein.

Einen großen Anteil an Inspiration für diese Arbeit verdanke ich Brigitte Ziegler, meiner Partnerin bei diesem Projekt, und ihrer unheimlichen Fähigkeit, meine „geistigen Löcher" zu füllen. Ebenso danken möchte ich unserem Partner Don Alexander Riches für seine Unterstützung bei der Arbeit am Manuskript und der Entwicklung des Seminars. Seine Ideen und Erfahrungen haben wesentlich dazu beigetragen, das Training zu einem kraftvollen Werkzeug der Selbstverwirklichung zu machen.

Ich möchte vielen Menschen danken, mit denen ich gearbeitet habe und deren Ideen in dieses Buch eingeflossen sind: Ken Cadigan für seine Arbeit mit Charles Berners Enlightenment Intensive, Doug Morrison für seine Arbeit mit den von John Ray entwickelten Body Electronics und Gabriel Cousins für seinen reichen Schatz an Ideen und Erfahrungen. Sehr inspiriert haben mich auch die verschiedenen Meditationspraktiken meiner beiden Partner Brigitte und Don.

Besonders dankbar bin ich meiner wunderbaren Familie für ihre Liebe und Unterstützung bei diesem Unternehmen, meiner Schwester Patricia für ihre emotionale Unterstützung und meinem Vater für seine unglaubliche Energie und Hilfe. Er sorgte dafür, daß ich an einem ruhigen Platz ungestört schreiben konnte. Seine vielen Ausflüge zur Kopiermaschine und seine fachmännische Überarbeitung des Buches haben mir die Arbeit sehr erleichtert.

Schließlich möchte ich ganz besonders meiner Schwester Kathy dafür danken, daß sie in den wenigen Stunden ihrer freien Zeit, wenn meine liebenswerten, aber anstrengenden Nichten in tiefem Schlaf lagen, unermüdlich am Computer die englische Version des Buches neu geschrieben und verbessert hat; ebenso danke ich ihrem Mann Rudy für seine hilfreichen Computertips.

Nicht zuletzt möchte ich meinen wundervollen Freunden auf der ganzen Welt für ihre Anregung und Inspiration danken. Nicht wenige von ihnen waren sowohl meine Studenten als auch meine Lehrer. Durch ihr Wissen und ihre Unterstützung habe ich erkannt, daß volle Bewußtheit in dieser Welt eine reale Möglichkeit ist.

Paula Horan

Seit ungefähr fünfzehn Jahren beschäftige ich mich intensiv mit der Natur des menschlichen Bewußtseins. Auf dieser Forschungsreise bin ich immer wieder Menschen begegnet, die mir neue Wege zeigten, in tiefere Schichten meines Geistes einzudringen. Ich war auf der Suche nach effektiven Methoden, die eine wirklich tiefgreifende Veränderung im Bewußtsein bewirken können. „Patentrezepte" brachten zwar kurzfristige Lösungen bei aktuellen Schwierigkeiten, änderten aber wenig an tief verwurzelten Lebenseinstellungen und Wahrnehmungsebenen.

Während dieser Suche haben mich viele Lehrer und Autoren dazu inspiriert, ständig weiterzugehen auf dem Weg zu höheren Bewußtseinsebenen. Ich bin ihnen sehr dankbar, daß ich an ihrem Wissen teilhaben und aus ihren Einsichten lernen durfte. Besonders unterstützt wurde ich dabei durch meine ZEN-Lehrer, die mir beigebracht haben, eingefahrene Denkmuster loszulassen und im Augenblick zu leben. Tarthang Tulkus visionäre Bücher und Übungen waren eine große Herausforderung, unbekannte Regionen meines Geistes zu erforschen. Die bewundernswerte Sufi-Meisterin Irina Tweedie hat mich angeregt, dem Weg des Herzens zu folgen, und durch Karl Everdings Zwei-Jahres-Training habe ich gelernt, mich mit den dunklen Seiten in mir auseinanderzusetzen und mich der persönlichen und globalen Transformation zu verpflichten.

An einem entscheidenden Wendepunkt meines Lebens traf ich Paula Horan, deren Ideen, Erfahrungen und Ziele auf dem spirituellen Weg meine eigenen Forschungen und Erlebnisse wunderbar ergänzten. Aus unserer lebendigen und intensiven Zusammenarbeit ist dieses Buch und die jetzige Form des Core Empowerment Trainings entstanden. Es war eine einzigartige Erfahrung, das Buch in zwei Sprachen zu schreiben. Trotz aller damit verbundenen Komplikationen machte das Schreiben viel Spaß, und wir haben oft und viel über komische deutsch-englische Mißverständnisse gelacht.

Paula möchte ich von ganzem Herzen danken für ihre Kraft, Inspiration und Begeisterung. Ohne sie hätte dieses Buch nicht auf so leichte Weise entstehen können; ebenso danke ich unserem Partner Don Alexander Riches, dessen Wissen, Klarheit und Gelassenheit sich positiv auf unsere Arbeit auswirkten.

Aufrichtig danken möchte ich allen Menschen, die mich auf meinem Weg begleitet und mein Leben und meine Arbeit tief berührt und bereichert haben; besonders meiner Mutter und meinen Geschwistern für ihre Liebe und ihr Verständnis; Brigitta Vedra, die mich in einer schweren Zeit meines Lebens so selbstlos und liebevoll unterstützt hat; nicht zuletzt meinen Ärzten Dr. Hermann Mayr und Dr. Johannes Schmidt, die mir geholfen haben, wieder auf eigenen Füßen zu stehen – im wörtlichen und symbolischen Sinne.

Danken möchte ich schließlich auch den Teilnehmern unserer Seminare für ihre Offenheit und Ehrlichkeit, ihren Mut und vor allem für ihre Bereitschaft, sich dem Schmerz großer innerer Veränderungen zu stellen. Sie haben damit zur Veränderung des morphischen Feldes unseres Planeten beigetragen und anderen geholfen, ihnen auf diesem Weg zu folgen.

Ich danke den Lesern dieses Buches, daß sie bereit sind zu lernen, zu wachsen und auf dem Weg zur Ganzheit weiterzugehen.

Brigitte Ziegler

Einleitung

Wir leben in einer aufregenden Zeit in der Geschichte der Erde. Große Aufgaben kommen auf uns zu. Der Zusammenbruch veralteter politischer und wirtschaftlicher Systeme und unsere Umwelt, die danach schreit, daß wir endlich etwas unternehmen, sind deutliche Hinweise auf die Notwendigkeit tiefgreifender Veränderungen in unserem Denken und unserer Lebensweise. Immer lauter wird der innere Ruf, uns der Wahrheit zu stellen, wer wir wirklich sind – jetzt.

Noch nie in der Geschichte der Erde war die Forderung, uns selbst zu erkennen, so dringend wie heute. Für jeden von uns ist die Zeit gekommen, für die Konsequenzen aus seinem Leben geradezustehen. Jeder muß jetzt die volle Verantwortung für seine Lebensbedingungen übernehmen, und endlich damit aufhören, die Schuld für „Probleme" der Regierung, der Kirche, Lehrern, Chefs, Ehemännern und -frauen, Kindern und Eltern zuzuschieben. Wir haben unsere Probleme selbst verursacht und selbst geschaffen. Im Grunde sind sie nur eine Illusion, weil unser Verstand dazu neigt, sich mit Dingen, Menschen und Situationen zu identifizieren. Die Täuschung wird noch verstärkt durch die verschiedenen Masken, hinter denen wir unsere wahren Gefühle verbergen. Wie oft sind wir nach außen freundlich und entgegenkommend und haben in Wirklichkeit nur unsere eigenen Interessen im Sinn. Oder wir täuschen Liebe vor, wenn uns der andere gleichgültig ist. All diese Masken sind Lügen des falschen „Selbst". In Wirklichkeit bietet uns das Leben nur Herausforderungen, um zu lernen und zu wachsen. Die tiefverwurzelte Gewohnheit, schwierige Situationen sofort als etwas Negatives einzustufen, läßt uns statt Chancen zur Weiterentwicklung nur Probleme sehen. Immer dann, wenn wir uns gegen eine „negative" Situation wehren, verwandeln wir sie in ein Problem, denn gerade unser Widerstand füllt die Situation mit Energie.

Die größte Schwierigkeit, mit dem „Problem" des Widerstands umzugehen, besteht darin, daß wir wegen unserer über Generationen zurückreichenden Konditionierung zu 99% reaktiv sind; unsere Aktionen sind im Grunde nur Re-Aktionen, keine bewußten Handlungen. Ein großer Teil unseres Widerstandes wird noch zusätzlich durch das Ego verstärkt. Es ist sehr schwer, keine scharfe Antwort zu geben, wenn das Ego angegriffen wird. Im allgemeinen schießt es ganz mechanisch mit einem Schwall an Argumenten und Rationalisierungen zurück, wenn es sich bedroht fühlt. Unser unschuldiges inneres Selbst, dem nichts daran liegt, recht zu haben, verfängt sich in diesem Kreuzfeuer an Argumenten und bleibt im Schatten des Egos verborgen. Es ist höchste Zeit, uns aus dem Griff des Egos und der sozialen Strukturen unserer Zeit zu befreien. Wir müssen wieder ganz von vorn anfangen und lernen, aus unserem innersten Selbst – dem Kern-Selbst – zu denken und zu handeln, anstatt wie Pawlows konditionierte Hunde blind und mechanisch auf Ereignisse in unserem Leben zu reagieren, und wir müssen uns entscheiden, ob wir wirklich frei sein und den Preis dafür zahlen wollen – für die Verantwortung für unser Leben. Wir sehnen uns zwar nach Freiheit und legen Lippenbekenntnisse dafür ab, im Grunde jedoch vermeiden wir sie, weil sie tiefe Angst in uns hervorruft. Denn wirkliche Freiheit ist nicht zu trennen von Verantwortung, und davor schrecken die meisten von uns zurück. Wir würden die Entscheidungen in unserem Leben lieber jemandem überlassen, der klüger ist oder mehr Erfahrung hat. Es ist leichter, den „schwarzen Peter" weiterzugeben, damit wir später andere für unser Unglück beschuldigen können. Sich dem zentralen menschlichen Computer (Jungs „Kollektivem Unbewußten") zu unterwerfen, ist für die meisten der Weg des geringsten Widerstandes. Die Forderungen der Gesellschaft zu erfüllen und seinen Platz wie eine Ratte im Käfig einzunehmen, bietet eine einfache, aber geistlose Lösung. Die Ironie dieses Weges des geringsten Widerstandes liegt jedoch darin, daß man sich schließlich daran aufreibt und ständig unbewußt gegen bestimmte Lebenserfahrungen ankämpft. Das Reaktionsmuster verstärkt sich mehr und mehr, Schicht um Schicht bauen sich kristallisierte Gedankenformen auf, so daß schließlich die Möglichkeit bewußter Wahrnehmung proportional dazu immer mehr abnimmt. Das ist die sprichwörtliche Falle, die wir alle zur Genüge immer wieder neu geschaffen haben. Es ist natürlich schwer, sich aus dieser Falle wieder zu befreien.

Ein einzigartiges, frei denkendes und in sich ruhendes Individuum zu werden, erfordert am Anfang viel Mut und den brennenden Wunsch, diesen Weg zur Bewußtheit unbeirrt zu gehen. Wenn wir mit Ausdauer und Disziplin durch alle Prüfungen gehen, werden wir ganz natürlich immer mehr in der Lage sein, uns selbst zu beobachten. Immer öfter werden wir uns dabei erwischen, wie wir schlafen, und ständig mehr Bewußtheit entwickeln. Schließlich werden wir vielleicht sogar weniger zielorientiert sein, denn das Bedürfnis nach einem Ziel, das uns beschäftigt und vorwärtstreibt, wird zurücktreten und mehr Raum lassen für ein tieferes Gefühl des Seins. Eine natürliche Fähigkeit, das Richtige im richtigen Augenblick zu tun, wird sich entwickeln.

Bevor wir bewußt in der Gegenwart leben können, brauchen

wir Disziplin und Ausdauer. Wir können den mechanischen Ablauf bestimmter Verhaltensmuster und ihre Auswirkung auf unsere Gefühle in unserem Alltagsleben besser verstehen, wenn wir erkennen, wie Gedankenkristalle erzeugt werden, sich in einem Kontext von Gegensätzen verstärken und unser Bewußtsein beeinflussen. Dieses Wisssen führt zu einem tieferen Verständnis der Natur des Geistes und ist ein wichtiges Werkzeug für jeden, der sich von der Schwerkraft des normalen menschlichen Bewußtseins befreien will.

Die Absicht der Autorinnen ist, dem Leser dieses Basis-Wissen zu vermitteln und ihn hoffentlich zu ermutigen, die Einsichten, die er aus diesem Buch gewinnt, zur Verbesserung seiner Lebensbedingungen zu nutzen. Das Buch ist auch eine Voraussetzung für jeden, der am *Core Empowerment Training* teilnehmen möchte.

Wir möchten dich ermutigen, dir für die verschiedenen Übungen in jedem Kapitel Zeit zu nehmen. Dadurch kannst du die notwendigen Erfahrungen sammeln, um mehr Nutzen aus dem Training zu ziehen. Brigitte und ich und unser Partner Don wünschen dir viel Erfolg auf deinem Weg, und wir freuen uns schon darauf, dich irgendwann in der Zukunft zu treffen.

Paula Horan
München

Kapitel 1

Das Kern-Selbst

Was ist der Kern, das Zentrum unseres Wesens? Was verbindet Körper, Geist und Seele? Woher kommt diese Kraft in uns, die uns drängt, das Wunder unserer Existenz zu begreifen? Wer ist diese Person, die „Ich“ sagt, und auf wen oder was bezieht sie sich? Wer ist dieses Wesen, das sich so getrennt fühlt und gleichzeitig mit allem und jedem identifiziert? Um diesen geheimnisvollen Aspekt unseres Seins und die Sehnsucht in unserem Innern nach Einheit zu verstehen, müssen wir zuerst erkennen, wer wir nicht sind.

Wenn wir in unserem Alltag das Wort „Ich“ gebrauchen, nehmen wir als selbstverständlich an, daß wir über ein ganz bestimmtes, genau festgelegtes Selbst sprechen. Wer wir sind, scheint auf den ersten Blick so offensichtlich zu sein. Wir haben einen Körper mit einem bestimmten Aussehen, einen Namen, eine Familie, einen Beruf und eine Lebensgeschichte. Wenn wir uns um eine Stellung bewerben oder einen Paß beantragen, geben wir alle „Daten“ an, ohne viel darüber nachzudenken, wer oder was wir in Wahrheit sind. Außerdem neigen wir dazu, uns mit bestimmten Eigenschaften oder Charakterzügen zu identifizieren, die wir uns entweder selbst zuschreiben oder von anderen übernommen haben. All dies gibt uns das untrügliche Gefühl, eine ganz bestimmte Persönlichkeit, ein ICH zu sein.

Sehr selten stellen wir das Bild, das wir von uns selbst haben, in Frage. Erst wenn wir in Schwierigkeiten geraten, fängt das Selbstbild an zu bröckeln. Denn diese Persönlichkeit, die wir hegen und pflegen, ist zerbrechlich und vergänglich.

In Wahrheit setzen wir uns aus vielen ICHS zusammen. Da gibt es das Ich, das sich mit den besten Absichten zu einer Diät entschließt, und das Ich, das lieber alles essen möchte, was ihm schmeckt. Da ist das disziplinierte Ich, fest entschlossen, fit zu bleiben und seine täglichen Übungen zu machen, dann aber schnell umschwenkt, wenn das „faule Ich" die Herrschaft übernimmt und sich lieber ausschläft. Wir werden ständig mit einer ganzen Reihe gegensätzlicher Ichs konfrontiert. Unser Selbstbild, das wir so verzweifelt zu schützen versuchen, steht auf sehr unsicherem Boden. Es setzt sich aus einer großen Zahl vergänglicher Ichs zusammen, die durch unseren Geist ziehen wie die flüchtigen Bilder eines Traums. Wenn wir uns mit einem der Ichs identifizieren, scheinen alle anderen zu verschwinden. Sie existieren dann nicht mehr, und wir sind vollkommen vereinnahmt, ja geradezu hypnotisiert, durch das Augenblicks-Ich. Ganz plötzlich kann es ebenfalls verschwinden, und wir sehen uns in die Bedürfnisse und Wünsche des nächsten Ichs verwickelt, das unser Bewußtsein gerade regiert.

Alles, womit wir uns identifizieren, ändert sich ständig auf der inneren und äußeren Ebene. Der Körper kann krank werden, wird schließlich alt und stirbt. Wir können unsere Arbeit verlieren, unsere Freunde und unsere Familie. Im Laufe unseres Lebens werden wir schließlich alles verlieren. Nichts bleibt, wie es ist. Doch es scheint in jedem von uns etwas zu existieren, was den Veränderungen nicht unterworfen ist, eine Art inneres Zentrum – das Kern-Selbst.

Was zurückbleibt, wenn alle Identitäten wegfallen, ist die wahre Essenz unseres Selbst, die durch alle Schichten der Persönlichkeit hindurchschimmert und sich als einzigartiges individuelles Wesen verkörpert. Das göttliche Paradox daran ist, daß man nicht sagen kann, ob das Kern-Selbst tatsächlich existiert oder nicht. Sobald man es benennt oder seine Existenz zu beweisen versucht, wird es zu einem Ding, einem Objekt. In Wahrheit existiert es jenseits von Raum und Zeit; es kann nicht festgelegt, beschrieben oder eingegrenzt werden. Es ist der dynamische vitale Faktor in uns, der sich ständig verändert, und gleichzeitig ein unendliches Zentrum der Stille und des Schweigens. Es ist völlig unabhängig von Werturteilen und Glaubenssätzen, vom Ego und den verschiedenen Fragmenten des Ichs. In den seltenen Momenten, in denen wir mit dieser Essenz in Verbindung sind, durchflutet diese Kraft buchstäblich unser ganzes Sein und strahlt auf alle Menschen um uns aus. Sie werden unwiderstehlich von der Wahrheit angezogen – der Wahrheit unseres wirklichen Wesens. In diesen seltenen Momenten sind wir wirklich bewußt. Wir haben den normalen Dämmerzustand, in dem wir uns meist durch unser Leben bewegen, verlassen und schauen voll Verwunderung und Ehrfurcht auf die Welt. In diesem Zustand erhöhter Bewußtheit geht eine natürliche Begeisterung von uns aus, denn an diesem Punkt befinden wir uns jenseits der niedrigen Schwingung emotionaler Energie. Wir haben einen Raum betreten, der es uns erlaubt, die Einheit des Seins im tiefsten Sinne zu erfahren.

Von diesem inneren Raum, der jedoch kein Ort im physischen Sinne ist, können wir die Wahrheit erkennen. Wir werden uns bewußt, daß wir alle „Probleme“ und Situationen in unserem Leben, alle Meinungen und Konzepte über unsere Person selbst geschaffen haben; sie sind nur Projektionen unseres Verstandes. Das Polaritäts-Bewußtsein und unser übliches lineares Denken sind zeitweise außer Kraft gesetzt. Während wir normalerweise nur Teile und Bruchstücke der Welt wahrnehmen, können wir nun gleichzeitig beide Seiten scheinbarer Gegensätze intuitiv begreifen. Es ist, als würden sich die Teile eines Puzzles – die Fragmente unseres Selbst – in Sekundenschnelle zusammenfügen, so daß wir das ganze Bild sehen können. Wir haben einen kurzen Blick „hinter den Vorhang" der Persönlichkeit geworfen. Dieser Prozeß kann sich in einigen Minuten abspielen, oft sogar nur in Sekunden. Plötzlich sind wir wieder in unseren üblichen Schlafzustand zurückgekehrt und bewegen uns wie Roboter durch die Emotionen und Ereignisse unseres täglichen Lebens, abgeschnitten von unserem wahren Wesen durch die vielen „Feigenblätter" unserer Masken und Selbsttäuschungen.

.Fast jeder Mensch hat diese tiefe Verbindung zu seinem innersten Wesen schon einmal erfahren: wenn er verliebt war, bei der Geburt eines Kindes oder besonderen Ereignissen in seinem Leben, die ihn sehr berührt haben. Manchmal sind wir auch in kurzen Augenblicken, vielleicht beim Anblick eines wundervollen Sonnenuntergangs, wenn alle Gedanken über das Gestern und Morgen zurücktreten und nur die Schönheit des Augenblicks existiert, in Verbindung mit unserem innersten Wesen und dadurch mit allem, was ist.

Solche Erfahrungen geben uns ein Gefühl für unser wahres Sein. Wir können in diesen besonderen Momenten besser verstehen, warum wir auf der Welt sind. Für einen Augenblick haben wir das Erscheinen der verschiedenen Ichs auf der Bühne unseres Geistes unterbrochen, ein Gefühl für den eigentlichen Kern in uns wiedergewonnen und den Funken unserer Lebensenergie berührt. Das Kern-Selbst ist der durch uns verkörperte Teil des göttlichen Ganzen. Um mehr und öfter damit in Kontakt zu sein, müssen die verschiedenen Ichs, die uns in der Illusion der Getrenntheit festhalten, sterben. Wir brauchen Werkzeuge, die uns helfen, uns von ihnen zu lösen und den Kontakt mit dem wahren Selbst öfter und dauerhafter herzustellen.

Eine sehr wirksame Methode der Selbsterforschung ist die Meditation. Dabei spielt deren Form keine Rolle. Wichtig ist allein die Absicht, uns durch die Schichten unserer Meinungen und Konzepte durchzuarbeiten zum Kern unseres Wesens. Dazu brauchen wir viel Geduld und Disziplin. Tiefe Meditation kann uns zeigen, daß die Vorstellungen, Meinungen und Konzepte des Egos Illusionen sind, verfestigte Gedankenformen, die das Kern-Selbst wie die Schichten einer Zwiebel umhüllen. Wir können lernen, die Produkte unseres geschwätzigen Verstandes einfach vorüberziehen zu lassen wie Wolken am Himmel und beobachten, wie Myriaden von Gedanken kommen und gehen wie Phantome in der Nacht. Keiner von ihnen hat eine wirkliche Verbindung mit unserem Kern-Selbst. Schließlich erkennen wir, daß unsere Gedanken, Ideen und Überzeugungen nicht unser wirkliches Selbst sind, sondern nur Interpretationen der Erfahrung und Konzepte über die Wirklichkeit. Alle diese Gedanken, Ideen und Überzeugungen haben dazu beigetragen, uns im Zustand des Schlafwandelns zu halten. Manchmal weckt uns nur ein Schock wie der Verlust der Arbeit oder der plötzliche Tod eines geliebten Menschen aus dem Dauerschlaf auf. Dann können wir uns nicht mehr an die tägliche Routine klammern und müssen uns unseren Ängsten und Gefühlen bewußt stellen.

Die meiste Zeit merken wir jedoch gar nicht, daß wir mit offenen Augen schlafen und wie hypnotisiert durchs Leben gehen. Der größte Teil eines sogenannten „bewußt“ erlebten Tages spielt sich in diesem hypnoseähnlichen Zustand ab. Fast jeder hat diese Situation schon erlebt: Man fährt auf der Autobahn und erschrickt plötzlich, weil man die Ausfahrt verpaßt hat. Und man kann sich beim besten Willen nicht mehr erinnern, wie man die letzten zwei bis drei Kilometer zurückgelegt hat. Da wir die meiste Zeit so unbewußt sind, vergessen wir, wer wir wirklich sind, und haben keine Verbindung zu unserem Kern-Selbst, obwohl es uns jederzeit zugänglich ist. Die Wahrheit ist niemals außer Reichweite.

Manchmal können wir ganz unerwartet, ohne jeden erkennbaren äußeren Anlaß, damit in Kontakt kommen. Anna, eine 46 Jahre alte Sekretärin, schilderte uns ein solches Erlebnis.“Ich fuhr mit der U-Bahn nach Hause. Der Zug war voll, die Luft schlecht, und alle Menschen sahen mürrisch und deprimiert aus. Während ich dies geistesabwesend registrierte, kam mir plötzlich der Gedanke: Wie kann ich sicher sein, daß die Situation wirklich so ist, wie ich sie wahrnehme? War es nicht nur meine Projektion? Im gleichen Moment änderte sich alles. Es war, als würde die Zeit stillstehen und die ganze Welt für einen Moment den Atem anhalten. Die Person namens Anna, die aus dem Büro nach Hause fuhr, verschwand. Plötzlich konnte ich das Ganze erkennen und mich selbst als Teil davon.

Ich war gleichzeitig alles und nichts. Alles war wunderbar und einmalig, genau so wie es war, einschließlich der mürrischen Leute. Es gab keine Zeit und keine Trennung mehr. Ich weiß nicht, wie lange diese Erfahrung dauerte, ich weiß nur, daß sie mein Leben verändert hat. Seit diesem Tag erinnere ich mich selbst immer wieder daran, aufzuwachen und mir diese Einheit des Seins bewußt zu machen.”

Anna „erwachte“ also in der U-Bahn, auf der Fahrt vom Büro nach Hause. So gewöhnlich und alltäglich es dabei auch zuging, erschütterte die Erfahrung doch ihr Leben. Sie hatte ein typisches Gipfelerlebnis gehabt, einen Durchbruch des SELBST.

Erfahrungen dieser Intensität können jederzeit auftreten und das Bewußtsein der betreffenden Person für immer verändern. Die meisten Menschen spüren danach ein tiefes Gefühl des spirituellen Erwachens, nicht unbedingt in einem religiösen Sinn, sondern als Offenheit und Liebe für alle Menschen auf der Welt. Es ist eine Vorstufe dessen, was im Buddhismus als „Mitgefühl mit allen Wesen“ beschrieben wird. Die Person sieht die Welt in einem neuen Licht und entwickelt ein unerwartetes Gefühl der Einheit und Verbundenheit mit allem, was ist.

Der Schlüssel zu dieser Erfahrung war Annas Wachheit während des Erlebnisses; sie war wach auf eine neue Art, so daß sie sich später an dieses Ereignis erinnern und sich wieder in den Bewußtseins-Zustand des Wachseins bringen konnte. Dazu war ein geschärftes Wahrnehmungsvermögen notwendig. Diese Art der Wahrnehmung hat jedoch nichts mit Denkvorgängen zu tun. Annas Bewußtheit im Augenblick dieses Geschehens war frei von jedem intellektuellen Verstehen der Situation. Der Intellekt blieb bei ihrer Erfahrung unbeteiligt, er kam überhaupt nicht ins Spiel.

Anna dachte keine Sekunde über die Erfahrung nach, sie hat sie nicht einmal gesteuert oder auf andere Weise beeinflußt. Sie ließ einfach nur die Erfahrung unmittelbaren Seins zu. Sie erlaubte dem Kern-Selbst, sich zu zeigen, frei von allen Anschauungen, Ideen und Falschheiten. Für einen Augenblick nackt und ohne „Feigenblatt", konnte sie erfahren, was es bedeutet, vollkommen frei und wach zu sein.

Wenn wir ein wirklich erfülltes Leben führen wollen, bleibt uns keine andere Wahl. Wir müssen aus unserem Dämmerzustand erwachen und die automatischen Reaktionen eines Roboter-Daseins hinter uns lassen. Gipfelerfahrungen können uns motivieren, das Leben wieder bewußt zu fühlen und direkt zu erfahren, denn sie zeigen uns, wer wir in Wahrheit sind. Je bewußter wir sind, umso leichter können wir die Verbindung zum Kern-Selbst aufrechterhalten. Mehr und mehr vertrauen wir dieser Kraft in uns, die uns wachsen läßt und zur Erfahrung der Einheit führt.

Mit dem Erwachen beginnt die eigentliche Arbeit an uns selbst. Unser Hauptwerkzeug ist die Selbst-Beobachtung. Mit dieser Methode begegnen wir unseren Schattenseiten und Vorurteilen.

Wir nehmen unseren Mut zusammen und erlauben uns, unsere Verdrängung der Wahrheit voll und ganz zu fühlen. Wir entfernen die täuschenden Schleier der Persönlichkeit, die uns vom wahren Wesen trennen. Wir legen unsere Masken ab und sprechen und handeln aus der Mitte unseres Herzens.

Übung 1:

Die große Leinwand

Führe diese Übung am besten abends vor dem Schlafengehen durch. Setze oder lege dich bequem hin und entspanne deinen ganzen Körper. Schließe die Augen und atme einige Male tief ein und aus.

Stell dir jetzt eine riesige Leinwand in deinem privaten Kino vor. Laß auf dieser Leinwand Szenen des vergangenen Tages ablaufen. Es ist nicht notwendig, eine bestimmte zeitliche Reihenfolge einzuhalten. Laß einfach das vorüberziehen, was gerade kommt. Rufe dir so viele Einzelheiten wie möglich ins Gedächtnis, z.B. Gedanken, Gefühle, Gespräche, Erinnerungen, Sinneswahrnehmungen sowie innere Kommentare und Bewertungen, die in bestimmten Situationen in deinem Bewußtsein aufgetaucht sind. Beurteile die Ereignisse und Szenen nicht, sondern beobachte sie aus der Position eines neutralen Zuschauers. Am Ende des Films schalte den Projektor ab und betrachte noch einige Zeit die leere Leinwand.

Dann verlasse dein inneres Kino.

Kapitel 2

Verstrickt im Netz der Gedanken

Wenn wir mit unserem innersten Selbst in Kontakt kommen, können wir klar erkennen, daß der Kern unseres Wesens nicht im Geist lokalisiert ist. Wir müssen aufhören, uns nur auf das Denken zu verlassen, wenn wir zum wahren Kern unserer Existenz vordringen wollen. Dem Verstand seine Vormachtsstellung zu entreißen und seine Beschränktheit zu erkennen, ist keine leichte Aufgabe, denn er setzt sich aus vielen Teilen zusammen. Der Geist nimmt unsere Gedanken, Gefühle und Sinnesempfindungen auf und interpretiert sie unter dem Deckmantel seiner vielen Aspekte. Ein Aspekt ist der Intellekt, unsere Fähigkeit, logisch und vernünftig zu denken. Der bewußte Geist nimmt die verschiedenen Reize in unserer unmittelbaren Umgebung wahr; der unbewußte Geist registriert alle Erfahrungen im Nervensystem und gibt sie wieder, wenn sie gebraucht werden (manchmal auch, wenn sie nicht gebraucht werden). Das Ego trägt schließlich dazu bei, daß wir uns fortwährend mit den verschiedenen Ichs der Persönlichkeit identifizieren. Im Laufe unserer Kindheit haben wir ein Ego entwickelt, um mit seiner Hilfe das Selbst auszudrücken. Es ist wie eine Art Straßenkarte und hilft uns, die noch unbekannte Welt und unsere Beziehung zu ihr zu entdecken. Wir lernen dadurch den Umgang mit anderen Menschen. Sind wir dann erwachsen, hat das Ego ein Eigenleben entwickelt. Es behauptet, die Straße zu sein und nicht die Karte, die wir beiseite legen, sobald wir den richtigen Weg gefunden haben. Statt das Selbst auszudrücken, identifiziert sich das Ego mit den Teilpersönlichkeiten und Masken.

Das wirkliche Selbst ist dann in dieser ganzen Verwirrung begraben. In Wahrheit hat das Ego keine Substanz. Es ist ein Produkt unseres Denkens und unserer Vorstellungen. Im Grunde existiert es gar nicht! Wir selbst erschaffen es Augenblick für Augenblick neu, indem wir an seine Existenz glauben. Wir haben vergessen, daß nur diese Überzeugung sein Überleben garantiert.

Wir benutzen den Geist als Werkzeug, um die Welt, in der wir leben, zu erschaffen. Wir können ihn auf eine bewußte Weise einsetzen und aktiv an der Erschaffung unserer eigenen Realität beteiligt sein oder aber völlig unbewußt auf alle Lebensumstände reagieren, wie das wahrscheinlich die meisten Menschen tun.

Wer Meditation praktiziert und durch Übung so etwas wie ein „Zuschauer-Selbst" – einen neutralen Beobachter, der sich nicht von den Produkten des Verstandes täuschen läßt – entwickelt hat, ist sich der mechanischen Natur des Geistes sehr wohl bewußt. Im Körper und Verstand gespeicherte kristallisierte Gedanken, Bilder und Emotionen werden immer wieder abgespielt wie eine Schallplatte, die einen Sprung hat.

Wenn wir über bestimmte Ereignisse in der Vergangenheit ein Urteil gefällt haben, setzen wir ein Muster in Gang, das immer wieder aufs neue ähnliche Umstände anzieht. Der Geist wird durch die Wiederholung der ewig gleichen Umstände und Ereignisse ähnlich konditioniert wie Pawlows Hunde, denen jedesmal beim Klang der Glocke der Speichel aus dem Maul lief, weil sie ihr Fressen erwarteten. Die Art, wie wir denken und mit dem Leben umgehen, wurde durch unsere Eltern, Lehrer und das Erziehungssystem bestimmt und bringt uns dazu, eingefahrene Verhaltensmuster zu wiederholen. Ähnlich wie bei einem ausgeleierten Tonband werden sich diese konditionierten Reaktionen endlos fortsetzen, bis wir uns entschließen, aufzuwachen und sie ins Licht des Bewußtseins zu bringen. Für die meisten von uns ist das nicht immer eine Frage der Wahl – wir werden aus der „Leichenstarre des Geistes" häufig nur aufgerüttelt durch die schmerzhafte Wirkung einer negativen Reaktion auf ein altes Muster.

Es sieht so aus, als ob wir wie Roboter diese Muster immer wieder neu erzeugen und damit verstärken. Im allgemeinen machen wir das so lange, bis wir das Muster überhaupt als solches erkennen und damit auch die Möglichkeit haben, es zu ändern. Ein sehr verbreitetes Beispiel für ein Wiederholungsmuster ist jemand, der heiratet, mit der Ehe unzufrieden wird, sich scheiden läßt, wieder heiratet, unzufrieden wird, sich scheiden läßt, wieder heiratet usw. Wenn er (oder sie) Glück hat und die ganze Angelegenheit einmal aus der Distanz sieht, merkt er vielleicht, daß er immer wieder die gleiche Art Partner und das gleiche „Problem" gewählt hat und die Partner im Grunde austauschbar waren. Vielleicht erkennt er dann auch, daß die Veränderung in ihm selbst passieren muß, nicht in der anderen Person. Glücklicherweise tritt ein Muster offen zutage, wenn es lange genug wiederholt wird.

Wir können dann erfassen, was es bedeutet und welche Rolle wir selbst dabei spielen. Es ist deshalb ein tröstlicher Gedanke, daß kristallisierte Gedankenformen und Überzeugungen schließlich genau die Erfahrungen anziehen, die wir brauchen, um sie aufzulösen und loszulassen.

Reaktionsmuster und blindes Festhalten an alten verfestigten Gedankenformen durchdringen unser ganzes Leben. John Ray, der die Körpertechnik Body Electronics entwickelt hat, stellt die Behauptung auf, daß wir zu 99% reaktiv sind, mit ganz wenigen Ausnahmen. Der Grund dafür ist Kristallisierung nicht nur auf der geistigen, sondern auch auf der physischen Ebene (siehe Kapitel 5). Jeder, der sich mit Gurdjieff oder Ouspensky befaßt (oder viel an sich selbst gearbeitet) hat, ist sich dessen bewußt, wie tief diese Reaktionsmuster in uns eingegraben sind. Die meisten Menschen reagieren mit heftigem Widerspruch und bestätigen damit die Aussage John Rays, wenn sie hören, daß wir zu 99% reaktiv und ohne jede Bewußtheit sind: „Natürlich bin ich bewußt, ich treffe meine eigenen Entscheidungen", ist die gängige Antwort. Sie ziehen selten das Ausmaß an Konditionierung aus der Vergangenheit in Betracht, das diese sogenannten freien Entscheidungen zweifellos beeinflußt hat. Nach einiger Zeit disziplinierter Selbstbeobachtung können wir jedoch nicht mehr leugnen, daß wir tatsächlich extrem reaktiv sind. Wann immer wir darüber nachdenken, was wir gestern nicht getan haben oder morgen erledigen müssen, sind wir nicht im gegenwärtigen Augenblick, also nicht wirklich wach. Wir sind in dem Ausmaß unbewußt, wie wir uns geistig in der Vergangenheit oder Zukunft aufhalten. Unser Geist in all seinen verschiedenen Aspekten ist völlig damit beschäftigt zu planen, sich Sorgen zu machen, zu rationalisieren oder Argumente für bzw. gegen eine Entscheidung zu formulieren.

Wir brauchen dringend Werkzeuge, um diese geistigen Gewohnheiten zu durchbrechen. Wie man einen Dorn benutzt, um einen anderen Dorn herauszuziehen, können wir den Geist benutzen, um ihn zu erforschen und seine unnötigen Aspekte zu neutralisieren.

Ein entscheidender Faktor für unsere Konditionierung ist das Erziehungssystem. In westlichen Gesellschaften werden wir in der Schule vorwiegend dafür ausgebildet, ein Problem zu definieren und eine Lösung zu finden. Unser gesamtes Erziehungs- und Ausbildungssystem sowie der größte Teil des technischen Fortschritts basiert auf dieser Art des Lernens und Verstehens. Wir sind darauf gedrillt, Logik und rationales Denken einzusetzen, um die Realität zu erklären. Intuition wird kaum je in Betracht gezogen und nicht als Wissen anerkannt. Etwas zu wissen und nicht erklären zu können, woher es kommt, ist irgendwie verdächtig. Es kann nicht gemessen und in die passende Schublade gelegt werden. Eine Antwort wie „Ich weiß es nicht“ oder „Das verstehe ich nicht“ gilt als Eingeständnis des Versagens. Man erwartet von uns, daß wir für alles eine Antwort haben, am besten eine logisch-rationale Lösung. Wir sind ständig dabei, Lösungen zu finden. Genauso gehen wir mit unserem Leben um. Wir denken darüber nach und machen eine Art Rechenaufgabe daraus. Doch das Leben ist keine Gleichung, die man auf dem Papier lösen kann. Niemand hat uns je gelehrt, einfach nur zu SEIN.

Wie weit können wir den „Antworten“ unseres Verstandes, der in der Vergangenheit programmiert wurde, überhaupt vertrauen? Wie fundamental oder originell können konditionierte Gedanken sein? Können wir damit eine neue Wirklichkeit schaffen? Wenn wir ein Problem unbedingt lösen wollen, ist der Mißerfolg schon vorprogrammiert. Robert Fritz schreibt in „Der Weg des geringsten Widerstandes”:

Das Problem
führt zu
Aktion – um das Problem zu lösen
führt zu
geringerer Intensität des Problems
führt zu
weniger Aktion – um das Problem zu lösen
führt zu
Das Problem bleibt

Unsere permanente Suche nach Lösungen, die dann am Ende doch keine sind, offenbart auch unseren Widerstand gegen jede wirkliche Lösung. Das ändert sich erst, wenn wir unsere Probleme als Herausforderung begreifen. Durch ernsthafte Selbstbefragung können wir etwas wirklich Neues schaffen und unsere Visionen auch tatsächlich manifestieren.

Die nächsten 20 Jahre werden eine große Herausforderung an unsere Kreativität sein. Wir können den nächsten Schritt auf dem Weg in die Ganzheit wagen, uns selbst ganz neu hervorbringen und wieder mit unserem Kern-Selbst verbinden. Es ist eine große Aufgabe, und wir werden lernen, sie mit Hilfe dieses erstaunlichen Werkzeuges zu bewältigen – dem Geist.

Übung 2a:

Kreislauf des Geistes

Wenn du Übung 1 mehrmals durchgeführt hast, wird dir die folgende Übung helfen, deine Selbst-Beobachtung zu vertiefen.

Schreibe die Gedanken und Empfindungen auf, die während des Tages besonders häufig auftauchen. Um welche Themen kreisen sie? Welche Gefühle rufen sie hervor? Bemerke wiederkehrende Muster und wie sie dein tägliches Leben beeinflussen.

Führe ein Tagebuch, in dem du alles notierst, was dir im Zusammenhang mit deinen bevorzugten Themen auffällt: in welchen Situationen sie auftauchen, welche Gedanken, Reaktionen und Emotionen damit verbunden sind usw.

Vergleiche von Zeit zu Zeit deine Notizen, ob Veränderungen in deinem Bewußtsein aufgetreten sind.

Übung 2b:

Auflösung unbewußter Gewohnheiten

Wenn Dir Deine Verhaltensmuster deutlicher werden, bitte jetzt Deine Freunde um Hilfe, Dich auf die unbewußten Gewohnheiten aufmerksam zu machen, die Du bisher vielleicht übersehen hast. Hast Du zum Beispiel die Angewohnheit, auch dann zu lächeln, wenn Du eigentlich traurig bist, dann mache es Dir zur Aufgabe, für eine gewisse Zeit (etwa 2 bis 3 Wochen) überhaupt nicht mehr zu lächeln. Sobald Du Dich lächeln fühlst, frage Dich, ob das Lächeln echt oder falsch ist. Bitte Deine Freunde, Dich dabei zu unterstützen, so daß Du Dich möglichst immer auf frischer Tat ertappen kannst.

Kapitel 3

Urteile – der Tod der Möglichkeiten

Während wir in den aufregenden 90er Jahren leben und uns mit großer Geschwindigkeit auf das Jahr 2000 zubewegen, scheint auch die Notwendigkeit, aus den Fehlern der Vergangenheit zu lernen, in Quantensprüngen zuzunehmen. Die Entwicklung auf unserem Planeten geht so schnell vorwärts, daß uns auch die Folgen vergangener Fehler immer schneller einholen. Haben wir als Reaktion auf ein grundsätzliches Urteil in der Vergangenheit ein Muster oder eine Ursache geschaffen, werden wir mit den Auswirkungen sehr bald konfrontiert. Dieses Phänomen wird in Amerika als „instant karma" bezeichnet, ein Karma, das sich nicht über viele Leben erstreckt, sondern sofort in Erscheinung tritt, und dem wir nicht mehr ausweichen können. Die Wirkung tritt fast gleichzeitig mit der Ursache ein. Warum geschieht dies jetzt immer häufiger? Weil die ständige Wiederholung automatischer Reaktionen und Widerstände gegen den Strom des Lebens sich so schmerzhaft auf unser Leben auswirkt, daß wir gezwungen sind, uns mit den darunter verborgenen Gedankenkristallen auseinanderzusetzen.

Viele von uns sind in eine Art „Halb-Bewußtsein" geworfen, ob uns das nun gefällt oder nicht. Immer mehr Menschen erkennen oder ahnen zumindest, daß ein Zusammenhang besteht zwischen ihrem jetzigen Leben und ihrem Verhalten in der Vergangenheit. Sie spüren immer deutlicher, daß die vermeintlichen Schicksalsschläge in ihrem Leben nicht von außen kommen, sondern vielleicht etwas in ihnen selbst in Unordnung geraten ist. Wenn wir genau hinschauen und dem Fluß dieses Lernprozesses folgen, werden Schmerz und Leiden allmählich abnehmen.

Viele sind an dem Punkt angelangt, wo sie bereit sind, jedes Rezept zu akzeptieren, das sie aus dem Labyrinth ihres geistigen „Schrotts“ befreit und ihre Qual lindert; wir müssen uns jedoch darüber im klaren sein, daß wir vor dem Schmerz nicht davonlaufen oder ihn gewaltsam wegschieben können. Dadurch verschwindet er nicht, es hält ihn eher am Leben. Wir müssen lernen, den Schmerz als einen Hinweis auf die Ursache unseres Leidens zu verstehen. Schmerz und Leiden sind nur die Auswirkungen unserer selbstverursachten „Probleme”. Schmerz ist – wie bei einer Krankheit – nur das Symptom. Wir können ihn als Führer zu den Tiefen unseres Seins benutzen, um herauszufinden, welcher Teil in uns mit dem Energiefeld des Kern-Selbst nicht mehr synchron ist.

Wir brauchen geeignete Werkzeuge und Wege, die uns den Schmerz tief in uns fühlen lassen, bis wir seine Botschaft direkt verstehen. Hinter unserem Schmerz verbirgt sich meist Widerstand gegen eine Lebenserfahrung oder eine Wahrheit, die wir nicht wahrhaben wollen. Widerstand zieht jedoch genau das an, wogegen wir uns wehren: „What you resist, persists”. Wenn wir den Mut haben, uns dem Schmerz wirklich zu stellen, haben wir gleichzeitig auch die Chance, unsere Reaktionsmuster loszulassen. Diese Reaktionen sind das Ergebnis unserer Überzeugungen und Glaubenssysteme, die wir Schicht für Schicht auf Urteilen und Bewertungen aufgebaut haben. Die ursprünglichen Urteile, die wir vor langer Zeit gefällt haben, wurden im Körper und im Geist kristallisiert und begannen, wie ein Magnet entsprechende äußere Erfahrungen anzuziehen. Überzeugungen, mit denen wir uns in der Vergangenheit identifiziert haben, beeinflussen heute unsere gesamte Wahrnehmung der Realität. Sie ziehen in unserem täglichen Leben genau die Erfahrungen an, die eben diese Überzeugungen zu beweisen scheinen. Irgendwann bleiben wir in diesem Kreislauf stecken; wir erfahren nur das, was wir glauben. Andere Ebenen der Wirklichkeit können den Filter einer tief sitzenden Überzeugung nicht passieren und bleiben uns verschlossen.

In Kapitel 2 wurde erwähnt, daß wir zu 99% reaktiv sind. Wir sind durch bestimmte Ideen und Gedankenformen so vorprogrammiert, daß wir Dinge, Menschen und Ereignisse nicht unmittelbar – ohne Vor-Urteile – wahrnehmen können; wir sehen sie nur durch den Filter einmal gefällter Urteile. Unser Geist sucht in neuen Situationen sofort nach Informationen aus vergangenen – scheinbar ähnlichen – Situationen, um im gegenwärtigen Augenblick „angemessen" reagieren zu können. Fast jeder hat schon einmal erlebt, wie hilflos er sich in einer nicht vertrauten Umgebung gefühlt hat, wo er nicht auf frühere Erfahrungen zurückgreifen konnte. Unglücklicherweise sind alle unsere früheren Erfahrungen gefärbt durch die innere Einstellung und Stimmung, in der wir damals waren. Vergangene „ähnliche" Situationen sind wiederum gefärbt durch ähnliche Situationen davor. So bauen wir Schicht um Schicht Erfahrungen aufeinander, von denen jede eine bestimmte Überzeugung oder einen Gedankenkristall verkörpert. Der Kern jedes Gedankenkristalls enthält ein Urteil, umschlossen von allen Erfahrungen, die durch dieses ursprüngliche Urteil angezogen wurden. Jede zusätzliche Erfahrung liefert einen weiteren „Beweis" für dieses Urteil.

Wenn jemand irgendwann in seiner Vergangenheit zu dem Urteil gekommen ist, daß niemand ihn liebt, wird er in seinem Leben genau die Erfahrungen und Ereignisse anziehen, die seine Überzeugung bestätigen: Er hat Schwierigkeiten mit den Eltern; seine Freunde oder Partner verlassen ihn, seine Arbeit wird nicht anerkannt usw. Alle Erfahrungen werden unbewußt mit dem Etikett „Ich werde nicht geliebt“ versehen und entweder falsch interpretiert oder aus dem Bewußtsein eliminiert, falls sie nicht zu diesem Urteil passen. Er wird Menschen, die ihn vielleicht tatsächlich mögen, voller Mißtrauen begegnen und hinter ihrer Zuneigung irgendeinen Trick vermuten, mit dem sie ihn hereinlegen wollen. Sobald ein Erlebnis oder eine Situation mit dem Etikett eines Werturteils versehen wird, sind die Grenzen der Wahrnehmung festgelegt. Wir sind in einem Gedankenkristall so sicher eingeschlossen wie in einem Gefängnis. Erst wenn der Kern des Kristalls – das ursprüngliche Urteil – erkannt und aufgelöst wird, werden sich auch die Erfahrungen ändern.

Der Spruch aus der Bibel „Richtet nicht, damit ihr nicht gerichtet werdet“ zeigt uns auf einer tiefen Ebene, daß wir letztlich ein Urteil über uns selbst fällen, wenn wir andere Menschen oder Situationen be- oder verurteilen. Gelingt es uns, Urteile zu vermeiden, ersparen wir uns körperliche Blockaden, die aus dem wachsenden Berg der Gedankenkristalle entstanden sind und weiterhin entstehen. Das bedeutet jedoch keineswegs, daß wir im Leben nicht unterscheiden sollten. Empfohlen wird nur, gedanklich und emotional offen und empfangsbereit zu bleiben, wenn wir eine Entscheidung treffen müssen. Wir nehmen alles präzise wahr, erlauben uns jedoch kein Urteil darüber. Wir sehen, wie es ist, ohne die Spur einer emotionalen Abhängigkeit. Welche Gedanken uns auch immer durch den Kopf gehen mögen, wir lösen uns davon und nehmen trotzdem achtsam unsere Interessen wahr. Genau das ist gemeint, wenn die Bibel sagt: „Ihr sollt in der Welt, aber nicht von der Welt sein.“ Dies geschieht ganz natürlich, sobald wir nicht länger Widerstand leisten.

Schließlich können wir unsere Urteile und Gedankenkristalle als Sprungbrett benutzen, um herauszufinden, gegen welche Wahrheiten wir uns sträuben. Wenn wir eine Situation, eine andere Person oder uns selbst be- oder verurteilen, verbirgt sich hinter diesem Urteil ein innerer Widerstand gegen eine Wahrheit, die wir nicht sehen wollen. Wir können eine Menge über uns lernen, wenn wir auch die scheinbar belanglosen Werturteile in unserem Alltag registrieren. Die Meinungen, die wir uns über andere bilden, sind meistens ein direktes Spiegelbild der Ansichten über uns selbst. Auch wenn wir uns über andere beklagen, ist dies ein deutliches Signal, daß wir mit etwas in uns selbst unzufrieden sind. Achte auf deine Urteile und Meinungen über andere; sie werden dich zu deinen innersten Gefühlen und Überzeugungen über dich selbst führen. Fast jeder kennt die drei berühmten Affen, die Ohren, Augen und Mund mit ihren Händen verschlossen halten und infolgedessen „nichts Böses hören, sehen oder sagen". Die Affen bedeuten jedoch nicht, daß man die Wahrheit verschweigen soll. Vielmehr verweisen sie auf die Wahrheit des SELBST, das niemals und nirgendwo Böses hört, sieht oder ausspricht. Es urteilt nicht und bleibt von Gedankenkristallen frei. Wer aber Böses hört, sieht oder ausspricht, der kristallisiert in Gedanken das Böse. Die Kunst besteht darin, das Böse wahrzunehmen, sich aber nicht darauf einzulassen.

Wir könnten hinzufügen: Leiste dem Bösen keinen Widerstand, denn unser Widerstand ist ja die Wurzel allen Übels. Urteile erzeugen Meinungen und Überzeugungen, an denen wir dann haften. Dadurch ziehen wir eine Trennungslinie zwischen uns und denen, die andere Meinungen und Überzeugungen haben. Wir errichten eine künstliche Mauer zwischen uns und unseren Mitmenschen. Das ist die Ursache unseres Leidens.

Ein Wortspiel zeigt die Zusammenhänge: Das englische Wort für „Übel" ist „Evil". Liest man das Wort von rückwärts, ergibt sich das Wort „Live", also „Lebe". Das bedeutet: „Übel" ist die Umkehrung des „Lebens". Deshalb höre, sieh und sage keine „Übel", damit Du nicht versäumst zu leben.

Übung 3

Der Urteilsspaziergang

Mach einen Spaziergang von etwa einer Stunde (mindestens jedoch von 30 Minuten). Achte darauf, wie Du beurteilst, was Dir begegnet: „großer Baum“; „altes Haus“; „schöne Landschaft“; „häßliche Visage“; „angenehmes Geräusch“; und so weiter. Registriere alle in Deinem Bewußtsein auftauchenden Adjektive, während Du Dich beim Gehen umschaust. Versuche keinesfalls, Deine Bewertungen zu unterdrücken, sondern mache Dir nur immer wieder bewußt, wie Du alles mit einem Etikett versiehst. Wenn Du Dich in Deinen Gedanken verirrst, dann führe Dich behutsam wieder in die Gegenwart zurück.
Beobachte ebenfalls Deinen Körper. Welche Körperempfindungen tauchen auf? Wie beurteilst Du sie? Bist Du „verspannt“ oder „enspannt“?; „müde“ oder „wach“?; „traurig“ oder „glücklich“?; und so weiter.
Achte genau darauf, wie Du diese Empfindungen zum Ausdruck bringen möchtest. Sagst Du aus Gewohnheit lieber: „Ich bin müde.“ anstatt: „Mein Körper ist müde.“? Identifizierst Du Dich etwa mit der Empfindung als etwas, das Du bist? Oder kannst Du sie als Beschreibung einer Wahrnehmung verstehen, die Du fühlst?
Laß Dich nicht in stumme Selbstgespräche verwickeln, sondern beschränke Dich darauf zu registrieren, was gerade jetzt, in diesem Augenblick passiert. Im Haus zurück, ruhst Du Dich etwas aus. War das anstrengend? Ist es Dir schwergefallen, im gegenwärtigen Augenblick zu verweilen? Wenn Du weder Zeit noch Gelegenheit zu einem Spaziergang hast, kannst Du dieselbe Übung auch zuhause beim Geschirrspülen oder Gemüseputzen machen. Je öfter Du sie wiederholst, desto klarer wirst Du Deine Urteile und Interpretationen vor Dir sehen.

Kapitel 4

Wie Gedankenkristalle entstehen

Die Quelle der Energie, die alles Leben durchdringt, ist Liebe. In ihrer reinsten Form umfaßt Liebe die Wirklichkeit als ein universelles Ganzes, ohne etwas hinzuzufügen oder zurückzuweisen. Bedingungslose Liebe ist nur möglich, wenn wir uns der Einheit allen Lebens bewußt sind. In diesem Bewußtseinszustand sind wir in Übereinstimmung mit allem, was ist.

Wenn wir jedoch von unseren Wünschen und Begierden gejagt werden, sind wir vom Zustand bedingungsloser Liebe weit entfernt. Wünsche treiben uns unaufhaltsam vorwärts; wir lenken unsere ganze Aufmerksamkeit auf ein paar Dinge und schließen alle anderen aus. Es scheint immer etwas zu geben, was wir nicht haben: ein neues Auto, den idealen Partner, eine interessante Arbeit oder endlich die perfekte Methode, wie man glücklich wird. Wir setzen alle Energie ein, um die Objekte unserer Begierde zu bekommen. Haben wir das Ziel dann erreicht, erfüllt es häufig nicht unsere hohen Erwartungen oder bringt uns nur kurze Zeit Befriedigung. Das schöne neue Auto hat vielleicht bald eine Beule; der ideale Partner hat Fehler und Schwächen; die interessante Aufgabe ist nur langweilige Routine; die perfekte Methode, um glücklich zu sein, führt in eine Sackgasse. Wir sind enttäuscht und frustriert und setzen uns ein neues Ziel, um uns von unserem Unglück abzulenken. Wir jagen dem Sinn des Lebens nach wie die Ratte dem Käse auf dem Rad des Lebens.

Ein Kreislauf von Wiederholung beginnt: Wunsch – Erfüllung – Enttäuschung/Frustration – neuer Wunsch. Wir suchen verzweifelt nach dem Sinn des Lebens und bemerken nicht, daß das Leben in sich keine Bedeutung hat. Leben ist! Wir sind hier, um es zu erfahren, es zu fühlen und daraus zu lernen. Unseren persönlichen Sinn können wir nur finden, wenn wir erkennen, wer wir in Wahrheit sind. Dazu müssen wir den Müllhaufen veralteter Ideen, Anschauungen und Vorstellungen untersuchen, der uns von der Wahrheit trennt. Wir finden erst zur Quelle zurück, wenn wir in Kontakt mit dem Kraftfeld unseres Kern-Selbst kommen und aus diesem inneren Zentrum zu handeln beginnen. Dann entdecken wir, daß *wir* es sind, die dem Leben Bedeutung und Sinn geben, daß der Sinn nicht außerhalb von uns selbst zu finden ist. Das ist das Ende der Suche.

Um zu verstehen, warum wir uns in diesem geistigen Labyrinth verirren, müssen wir die Spirale untersuchen, die in die Gedankenkristallisierung führt. Am Anfang der Spirale steht die Neugier. Wir sehen eine Möglichkeit, die unser Interesse weckt. Sie scheint zunächst noch in weiter Ferne zu liegen, doch unsere Gedanken beginnen um sie zu kreisen und werden bald unwiderstehlich in das Netz hineingezogen. Die ursprüngliche Neugier setzt einen inneren Prozeß in Gang, der in die nächste Stufe mündet: Wir wollen besitzen, wofür wir uns so brennend interessieren. Unser Denken klebt sozusagen an diesem neuen Bedürfnis fest. Mehr und mehr wollen wir das, was andere bereits haben: Geld, Macht, Erfolg, Ansehen und die Art von „Liebe“, die uns von der Gesellschaft eingeredet wird. Unsere Aufmerksamkeit beschränkt sich nur noch auf das, was wir *nicht* haben oder nicht zu haben glauben.

Sei nicht neugierig in
unnötigen Angelegenheiten:
denn uns Menschen werden
mehr Dinge gezeigt, als wir verstehen.
Apocrytha

Bald wird der Wunsch zum Zwang. Wir haben keine freie Wahl mehr und werden taub für die Stimme unseres wahren Selbst, das uns vollkommen natürlich zur Erfüllung unserer Herzenswünsche führen würde. Die ursprüngliche Kraft hinter unseren Wünschen ist das Kern-Selbst, das uns bei der Verwirklichung unserer Bestimmung helfen möchte. Unglücklicherweise identifizieren wir uns jedoch mit dem Ego, das nach Bestätigung sucht. Ohne Besitz, Macht und Erfolg fühlt es sich wert- und bedeutungslos. Die Dinge, die wir besitzen wollen, verschaffen unserem Ego Sicherheit und das Gefühl, **Jemand** zu sein. Wir beginnen, uns mit den Objekten unserer Begierde zu identifizieren.

Der ständige Druck, etwas erreichen zu müssen, geht Hand in Hand mit Resignation und Verzweiflung. Enttäuschung und Niederlagen lassen ein Gefühl der Unfähigkeit entstehen. Gedanken wie „Ich schaffe es nicht", „Ich werde das nie bekommen", „Das ist zu schwierig" nisten sich in unserem Bewußtsein ein, sinken ins Unterbewußtsein und bestimmen unsere Reaktionen und Handlungen und schließlich den Verlauf unseres Lebens. Wünsche, Zwänge und Resignation setzen sich endlos fort und bilden schließlich ein starres Glaubenssystem, das wiederum die Erfahrungen anzieht, die es bestätigen.

Dann legen die Grenzen unserer Überzeugungen – Anschauungen und Meinungen, mit denen wir uns identifizieren - die Grenzen unserer Erfahrung fest. Wenn wir uns unbewußt auf eine bestimmte Reaktion in einer Lebenssituation beschränken und andere Möglichkeiten ausschließen, kristallisiert sich die zuvor offene Welle unbegrenzter Möglichkeiten in eine feste Vorstellung: „Das ist so und nicht anders." Wir entscheiden uns für die eine Seite der Münze. Dadurch werden alle verworfenen Aspekte zum „Schatten" oder „Gegenpol", was die Gedanken noch mehr kristallisiert (siehe auch Kapitel 5). Aus dem unendlichen Spektrum der möglichen Wirklichkeiten wird nur eine Farbe gesehen. Gedankenkristalle wirken wie Filter, durch die nur die Aspekte der Wirklichkeit durchdringen, die zu unseren vorgefaßten Meinungen und Überzeugungen passen; der Rest wird ausgeblendet und bleibt als Schatten in den Ecken unseres Geistes versteckt.

Gedankenkristalle schränken auf der geistigen Ebene den Fluß der Bewußtheit und damit den Zugang zu tieferem Wissen ein. Auf der emotionalen Ebene blockieren sie den freien Fluß der Gefühle und manifestieren sich schließlich auf der körperlichen Ebene als Verspannungen, Schmerzen und Krankheiten.

Auf der physischen Ebene wird auch die Qualität unserer Sinneswahrnehmungen durch Gedankenkristalle beeinflußt. Der „input" durch unsere Sinne ist das Rohmaterial unserer Erfahrung, das vom Gehirn interpretiert, geordnet und in einen sinnvollen Zusammenhang gebracht wird.

Die Interpretation und Deutung des Rohmaterials wird wiederum von unseren Überzeugungen bestimmt, vom Inhalt unserer geistigen Programme. Die Sinneswahrnehmungen sind sozusagen der „input", der in die „Hardware" – unser Gehirn – geht und dort von unserer „Software" – den im Körper gespeicherten Gedankenkristallen und Programmen – interpretiert wird. Wie gut oder schlecht die Daten ausgewertet werden, hängt von der Kapazität und Qualität der „Software" ab. Solange die Gedankenkristalle wie ein Computer immer das gleiche Ergebnis ausspucken, haben wir keine wirkliche Denk- und Handlungsfreiheit. Unser Leben wird so zu einem ermüdenden Wiederholungsmuster, das sich vom Leben einer Ratte im

Versuchskäfig nur dadurch unterscheidet, daß die Zahl der Reize größer ist.

Wie kommt man nun aus diesem Käfig heraus? Ein verbreitetes und beliebtes Rezept wird von Positiv-Denkern angeboten. Mit Hilfe von Affirmationen kann man negative geistige Programme durch positive ersetzen. Doch die positive Aufladung eines negativen Gedankenkristalls führt nicht unbedingt aus dem Gefängnis der Unbewußtheit heraus. Die Methode funktioniert, aber sie ist wie eine Sondervergünstigung für den Gefangenen, damit er vorübergehend die Einschränkung seiner Freiheit vergißt. Ein Therapeut hat die Wirkungsweise positiven Denkens einmal recht drastisch ausgedrückt: „Das ist wie Schlagsahne auf Scheiße." Kristallisierte Überzeugungen, ob „positiv" oder „negativ", machen uns abhängig und schränken unser Dasein auf allen Ebenen ein: in unserem Denken und Handeln, in unseren Beziehungen zu anderen Menschen und in unserer Kommunikation. Es ist eigentlich ein Wunder, daß Beziehungen überhaupt zustande kommen, weil es so wenig echte Kommunikation auf der Welt gibt. Wir sprechen nicht miteinander, sondern zueinander, wir teilen uns nicht mit (etwas miteinander teilen!), sondern geben uns nur gegenseitig unsere Meinungen und Konzepte bekannt. Kommunikation im Alltag spielt sich oft ähnlich ab wie die Nachrichten im Fernsehen. Wir erfahren nichts über die Gefühle und die unmittelbare Erfahrung der Menschen, sondern nur eine unpersönliche Aufzählung von Meinungen und Konzepten über das Geschehen. Achte einmal darauf, wie oft deine Sätze mit „Ich glaube, daß...", „Ich bin der Meinung...", „Meiner Ansicht nach..." beginnen. Wie oft sagen wir schon, was wir wirklich denken und fühlen? Wir tragen Masken von Freundlichkeit, Aufmerksamkeit und Verständnis, hinter denen sich Ärger, Ungeduld und Langeweile verbergen. Wir können einander nicht hören, weil das, was wir denken, sagen und fühlen, nicht in Übereinstimmung ist. Worte, Stimme und Körpersprache vermitteln einander widersprechende Botschaften. Verfestigte, kristallisierte Meinungen über „die anderen" stehen wie unsichtbare Trennwände zwischen uns und verhindern eine lebendige Kommunikation.

Kommunikation auf der Ebene unserer Egos bringt nur eine unverbindliche Party-Unterhaltung hervor – leeres Geplapper ohne Verbindung zu dem, was wirklich in uns vorgeht. Die meiste Zeit sind wir in einem Gedankenkristall eingeschlossen und mit irgendeinem „Problem" beschäftigt, das unsere Energie völlig absorbiert. Wir nehmen dann den andern in seiner Einmaligkeit nicht mehr wahr. Wenn man Menschen, die schon lange zusammen leben, beobachtet, kann man feststellen, daß sie nur noch die notwendigen Informationen für ein reibungsloses Zusammenleben austauschen: wer wann zum Einkaufen geht, das Geschirr spült oder das Kind zum Arzt bringt. Jeder „weiß" im voraus, was der andere denkt und wie er reagiert. Da ist kein Raum, neue Eigenschaften im andern zu entdecken, kein Raum für das Abenteuer einer wirklichen Beziehung. Es herrscht ein stillschweigendes Übereinkommen, eine Art Waffenstillstand: „Wenn du meine Gedankenkristalle nicht in Frage stellst, dann rühre ich auch nicht an deine." Wir alle haben Angst, unsere wahren Gefühle auszusprechen und uns damit dem anderen auszuliefern. Unser Partner könnte uns zurückweisen, wenn er die dunklen Geheimnisse erfährt, die wir tief in uns verborgen halten. Oder wir könnten dabei etwas Negatives über uns erfahren, das wir nicht wissen wollen. Wenn es herauskommt, könnte es die Illusion zerstören, die wir über uns selbst haben. So bleiben wir lieber in unseren eingefahrenen Gleisen, wo wir uns keinen Risiken aussetzen müssen. Gedankenkristalle und erstarrte Vor-Urteile lenken unsere Aufmerksamkeit in feste Bahnen und verhindern somit volle Bewußtheit. Unsere Wahrnehmung der Realität ähnelt der Position eines Leuchtturms, dessen Scheinwerfer nur einen begrenzten Bereich erfaßt.

Jeder lebt in seinem selbsterschaffenen Universum, das die eigenen Überzeugungen unaufhörlich reflektiert und bestätigt. Diese Welt mit ihren festgelegten Grenzen gibt uns ein trügerisches Gefühl der Sicherheit. Sie ist uns vertraut; wir wissen, was geschehen wird – zumindest glauben wir das. Alles Neue, Unbekannte macht Angst, weil wir das Ergebnis nicht voraussagen können. Wenn wir einen neuen Weg einschlagen, können wir Glück haben und alles geht gut, aber wir können mit unserer Expedition in unbekannte Erlebniswelten auch ganz schön auf die Nase fallen. Die meisten Menschen zahlen lieber den hohen Preis einer frustrierenden Beziehung, einer langweiligen Arbeit und eines in Gewohnheit und Routine erstarrten Lebens, als sich in unbekannte Regionen zu wagen. Dem Weg unseres eigenen Herzens zu folgen, bringt auch Einsamkeit mit sich, der wir uns nicht stellen wollen. In unserer Gesellschaft halten wir Freiheit für ein kostbares Gut, das wir verteidigen und für das wir kämpfen, aber wer will sich schon dem rauhen Wind wirklicher Freiheit aussetzen? Wer zieht das Risiko eines eigenen Unternehmens dem monatlichen Gehaltsscheck vor? Wer will so frei und verletzlich sein, Gefühle zu zeigen? Wer will schon für sein Leben die Verantwortung übernehmen? Denn wenn wir wirklich frei sind, sind wir auch voll und ganz für uns selbst verantwortlich.

Der Schlüssel zur Freiheit ist die bewußte Auflösung unserer Gedankenkristalle. Wir müssen uns jedoch erst bewußt machen, daß sie existieren, und erkennen, welche Formen sie in uns annehmen. Achte einmal auf Deine automatischen Reaktionen. Was passiert, wenn man auf Deine Schwachpunkte drückt? Jeder ist in der einen oder anderen Hinsicht besonders empfindlich oder reizbar. Ein bestimmter Ton in der Stimme läßt uns explodieren; ein bestimmtes Verhalten treibt uns fast zum

Wahnsinn; wir machen aus einer Kleinigkeit einen Elefanten. Unsere Schwachpunkte decken sehr schnell auf, wo unsere Widerstände liegen. Darin besteht aber auch unsere Chance, alte Muster aufzulösen. Widerstand ist das stärkste Hindernis auf dem Weg zur Ganzheit und – ironischerweise – gleichzeitig unser größtes Potential, denn er enthält gebundene Energie, die wir freisetzen und nutzen können. Normalerweise benutzen wir Widerstand als Mittel, um Lebenserfahrungen zu kontrollieren und ihre ganze Fülle an Gefühlen, Gedanken und Wahrnehmungen einzuschränken. Immer dann, wenn wir mit Rechtfertigungen und Erklärungen schnell bei der Hand sind, ist dies ein sicheres Zeichen, daß wir uns tief innen heftig gegen etwas wehren. Häufig sträuben wir uns innerlich gegen eine Erkenntnis, weil sie mit schmerzlichen Gefühlen oder Erinnerungen verbunden ist. Widerstand ist ein Ausdruck von mangelndem Vertrauen in das Leben und seinen Fluß ständiger Veränderung. Die wahre Schönheit des Lebens liegt jedoch gerade in seiner Unwägbarkeit. Trotz aller Versicherungen, die wir abschließen, können wir uns nicht absichern gegen Schmerz, Verlust oder Enttäuschung. Leben ist nicht statisch. Wir können es nicht besitzen wie ein Objekt, und trotzdem steht es uns in seiner überfließenden Fülle jeden Augenblick zur Verfügung.

Die Quelle unseres Widerstandes gegen bestimmte Lebenserfahrungen kann aufgedeckt, die darin eingefrorene Energie aufgetaut und für unser Wachstum genutzt werden. Wenn wir unsere Energie nicht dazu mißbrauchen, Wahrheiten zu leugnen, uns zu rechtfertigen und uns selbst und anderen etwas vorzutäuschen, steht sie uns voll zur Verfügung, um unsere Lebenskraft auszudehnen. Gedankenkristalle können Tore zur Freiheit sein, wenn wir lernen, sie zu entdecken, aufzulösen und die Polaritäten zu neutralisieren, die uns in einem ständigen Zustand von Unbewußtheit halten. Dann beginnen wir, unser inneres Zentrum oder die Essenz unseres Selbst zu finden und kehren zurück in den Zustand des Zeuge-Seins, in dem wir vor der Verfestigung aller Gedankenformen existierten. Wir können das Leben mit den unschuldigen Augen eines Kindes sehen und uns vertrauensvoll seinem Fluß überlassen.

Übung 4:

Objekte der Begierde

Stelle eine Liste deiner vorherrschenden Wünsche zusammen. Beobachte und schreibe auf, wie diese Wünsche entstanden sind und wie sie dein Leben beeinflussen.

Wähle einen Wunsch aus und konzentriere dich 15 Minuten auf ihn. Schließe die Augen und beobachte alle Gedanken, Gefühle, Bilder und Körperempfindungen, die im Zusammenhang mit dem Wunsch auftauchen.

Wenn du den Wunsch klar vor dir siehst, beginne dich langsam davon zu distanzieren, bis du seine Form am Horizont deiner geistigen Leinwand visualisieren kannst. Laß das Bild immer weiter wegtreiben, bis es schließlich verschwindet.

Du kannst diese Übung mit allen Wünschen auf deiner Liste durchführen.

Kapitel 5:

Gedankenkristallisierung im Körper

Im vorangegangenen Kapitel haben wir gesehen, wie durch die ständige Konzentration auf ein Objekt oder eine Idee unter Ausschluß aller andern eine Gedankenform kristallisiert und eine ganze Kette von konditionierten Reaktionen in Gang gesetzt wird. Uns bleibt kaum eine Wahl, in welcher Weise wir auf die verschiedenen Herausforderungen des Lebens reagieren. Außerdem wurde gezeigt, wie Werturteile in unserem täglichen Leben unsere Überzeugungen noch mehr verhärten und uns weiter in den Zustand der Unbewußtheit hineintreiben. Was geht bei einer solchen Leichenstarre des Geistes im Körper vor? Wie läßt sich der Körper in diesem Dämmerzustand lahmlegen, und wie kann er uns helfen, wieder zu einem bewußten Wachzustand zurückzufinden?

John Ray führt in der von ihm entwickelten Technik Body Electronics die Hauptursachen für Gedankenkristallisierung auf Vererbung und Erinnerungen an vergangene Leben zurück. In der DNS ist die gesamte genetische Struktur des Körpers enthalten, die von den Eltern, Großeltern und Vorfahren geerbt wurde. Bei der Augendiagnose kann man die von der Mutter geerbten Eigenschaften im linken, die vom Vater geerbten

Eigenschaften im rechten Auge feststellen. Die meisten ererbten körperlichen Schwachstellen zeigen sich in einer geschlossenen Lakune (Spalte oder Lücke) in dem Teil der Iris, der dem Schwachpunkt oder kranken Organ im Körper entspricht. Eine Frau, die von mütterlicher Seite Diabetes geerbt hatte, wies eine geschlossene Lakune in dem Teil des linken Auges auf, der der Bauchspeicheldrüse entspricht. Da Diabetes eine Schwäche der Bauchspeicheldrüse ist, bei der im Krankheitsfall der Körper nicht mit der notwendigen Menge an Insulin versorgt wird, entsprach die geschlossene Lakune im linken Auge also genau der Krankheitsgeschichte in der Familie dieser Frau. Glücklicherweise kann diese Schwäche durch eine entsprechende Diät unter Kontrolle gehalten werden. Es gibt bestimmte Techniken, mit denen genetische Schwachpunkte sogar korrigiert werden können, was sich dann durch Veränderungen in der Iris bemerkbar macht. Geschlossene Lakunen öffnen sich nach einer entsprechenden Therapie. Man kann an diesen Beispielen aus der Vererbung sehen, daß das Bibelwort „Die Sünden der Väter kommen über die Söhne" tatsächlich eine physische Realität ist.

Die meisten körperlichen Schwächen sind eine Spiegelung des Geistes. Immer dann, wenn unsere Vorfahren sich wiederholt geirrt oder eine Lebenslektion nicht gelernt haben, scheint dies im Körper ausgedrückt und in Form von Schwächen und Krankheiten an uns weitergegeben worden zu sein. Wir haben eine natürliche Neigung, Lebensbedingungen anzuziehen, die unseren Lernprozeß unterstützen; warum sollte es also nicht möglich sein, daß wir uns einen Körper aussuchen, der durch seine speziellen Schwachpunkte bestimmte Lernprozesse, durch die wir gehen müssen, verstärkt?

Die andere Ursache für kristallisierte Gedankenformen ist nach John Ray auf die Summe der Erfahrungen jedes Individuums in allen früheren Inkarnationen zurückzuführen. Vergangene Leben sind eine Art private Bildersammlung der Seele, die alle Lebenslektionen, gelernte und nicht gelernte, beinhaltet und die damit verbundenen Reaktionsmuster in Gang hält. Viele unserer jetzigen für uns oft nicht verständlichen Reaktionen gehen vielleicht auf Erlebnisse in früheren Leben zurück. Ob man an Reinkarnation glaubt, spielt dabei keine Rolle. Durch verschiedene therapeutische Methoden (u.a. Hypnose und Entspannungstechniken) fand man heraus, daß „Erinnerungen" an vergangene Leben auch dann auftauchen, wenn der Patient nicht an Reinkarnation glaubt. Dies könnten natürlich auch Erinnerungen sein, die mit dem kollektiven Unbewußten oder dem menschlichen morphogenetischen Feld verbunden sind. Welche Erklärung auch immer zutrifft, an dieser Stelle ist es wichtig zu sehen, daß durch die Erinnerung an solche Erfahrungen alte kristallisierte Gedankenformen übermittelt werden und die Gegenwart sehr stark beeinflussen. Welche realen Auswirkungen dies haben kann, sei hier an einem Beispiel verdeutlicht. Als sie etwa neun Jahre alt war, begann Betty mit ihrem Vater laufend die hitzigsten Diskussionen zu führen. Später beeinflußte dasselbe Muster alle ihre Beziehungen zu Männern. Sie war darauf programmiert, daß Debattieren und Streiten gleichbedeutend mit Aufmerksamkeit und Zuwendung war. Wann immer ein Partner ihr etwas sagte, konnte sie es nicht auf sich beruhen lassen. Sie mußte nachhaken: „Ja, aber ..." Wie man sich denken kann, nicht gerade die beste Voraussetzung für ein harmonisches Liebesleben. In einer Rückführung bekam sie die Gelegenheit, sich an ein früheres Leben zu erinnern, in dem sie ihrem jetzigen Vater ebenfalls begegnet war. Damals waren sie Brüder gewesen, Söhne eines unbedeutenden Fürsten. Dieser Mann hetzte sie ständig gegeneinander auf, verführte sie zu Streitgesprächen und zu Schwertkämpfen in der Übungshalle, weil er herausfinden wollte, wer der Stärkere und deswegen der geeignetere Nachfolger wäre. Statt wie damals üblich den ältesten Sohn zum Erben zu machen, sollte der Sieger aus dem jahrelangen Wettstreit die Dynastie fortsetzen. Das Ende war tragisch: Die beiden Brüder töteten sich gegenseitig in einem Zweikampf.

In einer späteren Rückführung fand Betty heraus, daß dies ihre letzte Inkarnation als Mann gewesen war. In allen folgenden Leben inkarnierte sie sich als Frau, um den Aspekt des Mitgefühls leichter integrieren zu können. Bereits nach der ersten Rückführung verlor sie jegliches Interesse an weiteren Auseinandersetzungen mit ihrem Vater.

Für die Bedeutung dieser Geschichte ist es unwichtig, ob sie tatsächlich ein früheres Leben beschreibt oder nicht. Der entscheidende Punkt ist, daß sie die Ursprünge eines bestimmten Verhaltensmusters offenlegt und damit das Leben hier und heute verändert. Bettys Klärung der Beziehung zu ihrem Vater änderte auch ihr Verhältnis zu den Männern in ihrem Leben: Sie mußte sich nicht länger ständig mit ihnen streiten.

An diesem Beispiel kann man erkennen, daß auf der körperlichen wie auf der seelischen Ebene mächtige Einflüsse am Werk sein können, die sich auf unser Verhalten auswirken. Wir werden nicht nur durch äußere Einflüsse wie Menschen, Sprache, Kultur und Erziehung programmiert, sondern auch durch innere wie die erwähnten vergangenen Leben. Geistige Konditionierung spielt sich auf sehr vielen verschiedenen Ebenen ab.

Die angeführten Beispiele illustrieren, wie der Körper prägnante Landkarten früherer Konditionierungen liefert. Unsere Körperempfindungen sind jedoch auch wichtige Hinweise auf unsere mentalen Programme.

Es wurde bereits erwähnt, daß Schmerz, wenn er voll und ganz bewußt erlebt wird, unmittelbar zu unseren kristallisierten Gedankenformen führt, da er ein direktes Spiegelbild gelebter Widerstände ist. Der folgende Abschnitt ist eine Zusammenfassung aus John Rays Erklärung, wie Widerstand auf der mentalen Ebene unsere Bewußtheit und damit auch den physischen Körper beeinflußt.

“Der natürliche Fluß der Gehirn- und Rückenmarksflüssigkeit staut sich an genau der Stelle, wo der feinstoffliche Energiekörper blockiert ist.

Dies geschieht immer dann, wenn ein Naturgesetz des menschlichen Geistes verletzt wird. Ein Gedanken-, Wort- oder Emotionsmuster, beeinflußt durch Widerstand irgendeiner Art, wird die energetische Struktur des Körpers verzerren. Bewußt festgehaltene Gedanken, Worte und Emotionen werden genau den spirituellen Prototyp in der physischen Realität manifestieren, der bewußt immer wieder erschaffen wurde. ‚Gleiches zieht Gleiches an‘.

Dies gilt ebenso für unbewußte Gedanken. Sobald (bewußt oder unbewußt) Widerstand gegen etwas auftritt, erzeugen wir genau das, was wir ablehnen.“ Das folgende Beispiel verdeutlicht John Rays Ansatz: Wanda war grundlos eifersüchtig und voller Mißtrauen. In der Anfangszeit ihrer Ehe nahm ihr Mann die offenen oder versteckten Vorwürfe und Verdächtigungen nicht ernst, da er sie für Liebesbeweise hielt. Später waren sie ihm nur noch lästig. Ein Jahr später hatte er eine feste Geliebte, was er jedoch verschwieg. Wanda hätte sich eine Menge Ärger ersparen können, wenn sie ihre Ängste und Eifersucht konfrontiert und gefühlt hätte. Einmal machte sie einen halbherzigen Versuch, gab jedoch auf, als sie den Wurzeln der Eifersucht nahezukommen schien.

Was wir innerlich denken und meinen, das erfahren wir auch draußen in der Welt, denn unsere Erfahrung ist ein Spiegelbild unserer selbst erschaffenen Vorstellungen und Überzeugungen. Was wir unbewußt ablehnen, hat umso mehr Bestand. Widerstand erhält das am Leben, was er eigentlich bekämpfen möchte.

Die Stärke und das Ausmaß unseres Widerstandes bestimmt auch den Grad unserer Unbewußtheit. Je heftiger wir bestimmte Lebenserfahrungen zurückweisen oder meiden, desto unbewußter werden wir. Ironischerweise ziehen wir dann genau die Ereignisse an, denen wir aus dem Weg gehen wollten.

Man kann die Stärke des Widerstandes mit einem Galvanometer, der den elektrischen Hautwiderstand anzeigt, messen. Es stellte sich heraus, daß bei Männern 12.500 Ohm und bei Frauen 5.000 Ohm Widerstand auftraten. Dies ist auf die charakteristischen Unterschiede im Körperbau bei Männern und Frauen zurückzuführen.

Ein Hautwiderstand O würde bedeuten, daß der Körper sich in einen Supraleiter verwandelt hätte. Wir würden im Raum-Zeit-Kontinuum aufgehen. Alles Wissen stände uns zur Verfügung, denn es gäbe keine Gedankenkristalle mehr, die seinen Strom stauen oder einschränken könnten. Alles würde innerhalb des Bewußtseins fließen, und Bewußtheit wäre vollkommen und allumfassend.

Ein Supraleiter hat übrigens keinen Energieverlust, der nur dann auftritt, wenn die sich bewegenden Elektronen mit den Unvollkommenheiten in einer Kristallstruktur kollidieren. Ähnlich kollidiert universelles Wissen mit den Gedankenkristallen oder Vorurteilen, die in unserer Körper-Geist-Struktur gespeichert sind und wie Filter wirken. Am Beispiel des Galvanometers kann man erkennen, daß Männer mehr Schwierigkeiten haben als Frauen, Blockaden aufzulösen. Der Grad des Widerstandes ist höher, da aufgrund der Dichte der männlichen Körperstruktur mehr Filter „eingebaut" sind.

Wie bewußt wir sind, hängt nicht nur vom Ausmaß des physischen oder mentalen Widerstandes ab, sondern auch von unserer emotionalen Verfassung zur Zeit des Ereignisses. Widerstand spielt allerdings eine Schlüsselrolle bei der ständigen Erzeugung bewußter und unbewußter Gedanken und der entsprechenden Reduzierung unserer Lebensenergie. Geistiger Widerstand manifestiert sich zuerst im ätherischen oder energetischen Körper. Die Blockierung breitet sich dann, abhängig von der jeweiligen emotionalen Verfassung, in der entsprechenden Region des physischen Körpers aus. Kristallisierung ist das Ergebnis von unterdrückten Gedanken und Emotionen. Die Kristalle manifestieren sich genau an der Stelle des Körpers, wo die Gefühle festgehalten werden. So wird der physische Körper zu einem Speicher für Gedankenformen und Emotionen, die dann Krankheiten verursachen. Krankheit ist jedoch keine Strafe, sondern eine Botschaft und eine Gelegenheit, sich mit den eigenen Widerständen auseinanderzusetzen. Denn oft beginnen wir erst, wenn wir krank sind, uns von alten Denk- und Verhaltensmustern zu befreien und mehr Achtsamkeit und Bewußtheit zu entwickeln.

Übung 5:

Körperkristalle entdecken

Erstelle eine Liste der häufigsten Krankheiten und Unfälle, die du in deinem Leben gehabt hast. Erinnere dich, unter welchen Umständen diese Krankheiten aufgetreten sind. Vielleicht kannst du einen Zusammenhang entdecken zwischen den Krankheiten und Unfällen und deiner emotionalen Verfassung sowie deinen Denkmustern zu dieser Zeit: Womit warst du vorwiegend beschäftigt? Wie waren deine Beziehungen zu anderen Menschen? Sind diese Muster wiederholt in deinem Leben aufgetreten? Leidest du an einer chronischen Krankheit? Erinnere dich wieder an die Zeit und die Umstände, als sie zum ersten Mal aufgetreten ist, und welchen Nutzen du daraus jetzt ziehst.

Um diese Muster loszulassen, benütze die Übung in Kapitel 8.

Kapitel 6

Gefühle drücken die Wahrheit klarer aus als Worte

Die erfolgreichsten Propheten, Künstler, Erfinder und Geschäftsleute sind diejenigen, die mit ihrem Gefühl und ihrer Intuition in Übereinstimmung sind. In der Schule lernen wir hauptsächlich, wie man logisch denkt und seinen Verstand gebraucht, und diese Ausbildung eignet sich hervorragend, Probleme mathematischer und technischer Art zu lösen. Niemand bringt uns jedoch bei, wie wir unsere intuitiven Fähigkeiten entwickeln und unseren Gefühlen vertrauen können. Menschen, die auf kreativen Gebieten Erfolg haben, sind entweder von Natur aus begabt oder haben auf ihre eigene Weise gelernt, ihre Kreativität umzusetzen. Auch die Öffentlichkeit wird langsam auf dieses Thema aufmerksam. Es kommen immer mehr Bücher auf den Markt, die Tips geben, wie man durch Entwicklung intuitiver Fähigkeiten ein erfolgreicher Geschäftsmann wird.

Intuition ist unter anderem die Fähigkeit, hinter den abstrakten Symbolen das Gefühl wahrzunehmen. Ein Künstler kann Gefühle in Symbole übersetzen und dadurch ähnliche Gefühle in anderen hervorrufen. Er benützt Farbe und Form, um Gefühle darzustellen. Ein Schriftsteller verwendet Worte und sucht seine Adjektive sorgfältig aus, um im Leser ein bestimmtes Gefühl zu erzeugen. Außerdem stimmen sich Propheten und Künstler in das kollektive Unbewußte ein und drücken das aus,

Ebene der Emotion		**Grad der Erinnerung**
Begeisterung (voll erfahrene Ekstase)		ungeteilte Erinnerung (kann beide Seiten sehen)
Schmerz		Schlüssel zur Erinnerung (Kundalini-Ebene)
Wut		spezielle Erinnerung (einseitig)
Angst	**URSACHE ↑** - - - - - - - - - - **WIRKUNG ↓**	schwankt zwischen spezieller und allgemeiner Erinnerung
Kummer		allgemeine Erinnerung (Opfer-Ebene)
Apathie		keine Erinnerung
Unbewußtheit		keine Erinnerung

was die Massen fühlen, bevor es sich tatsächlich in physischer Form manifestiert. Sie sind den anderen voraus, weil sie sich in die Stimmung der kollektiven geistigen Landschaft einfühlen und sie ausdrücken können, denn die Form folgt dem Gedanken.

Die Verbindung von Intuition und Gefühlen kann man auch an den sieben Energiezentren des Körpers, den Chakren, erkennen. Das Herzchakra ist das Energiezentrum in der Mitte. Das zweite Chakra, das sich vier Finger breit unterhalb des Nabels befindet und in den Kampfkünsten auch als Chi oder Ki-Zentrum bezeichnet wird, wird in einigen Traditionen als das Zentrum unserer Gefühle angesehen. Das wird auch durch Redewendungen in der Umgangssprache ausgedrückt ("Ich habe kein gutes Gefühl im Bauch" oder „Das liegt mir im Magen" usw.), die alle auf das Energiezentrum unserer Gefühle anspielen.

Das dem Gefühlszentrum entsprechende sechste Chakra, das sich oberhalb des Herzens befindet und manchmal das 3. Auge genannt wird, ist das Zentrum unserer Intuition. Dort stimmen wir uns auf geistiger Ebene in Symbole ein, die entweder Worte oder Bilder sein können. Diese Information verbinden wir mit den Gefühlen, die wir aus dem Ki-Zentrum erhalten haben.

Weder Gefühle noch Intuition entstammen einem logisch-rationalen Prozeß, doch unsere Handlungen werden hauptsächlich durch Gefühle motiviert und nicht durch rationale Überlegungen und Entscheidungen, wie manche Leute denken. Zu fühlen oder Gefühle zu vermeiden, ist die primäre Motivation hinter unseren Handlungen. Menschen, die etwas fühlen oder empfinden wollen, sind kreativ. Wer Gefühle lieber vermeidet, ist ein verstandesbetonter Mensch und verläßt sich mehr auf das Denken.

Die meisten von uns haben mehr Erfahrung im logisch-rationalen Denken. Es würde sich also lohnen, die Art und Weise unseres Denkens zu untersuchen, um herauszufinden, warum es uns so gut gelingt, Gefühle zu vermeiden.

Es gibt viele verschiedene Arten zu denken. Manche Menschen neigen mehr dazu, sachlich und konkret zu denken, andere haben ein bildhaftes Vorstellungsvermögen. Wenn zwei Menschen mit so unterschiedlichen Denkstilen ein Gespräch führen, werden sie sich permanent mißverstehen und die eigenen Ideen in die Worte des anderen hineindeuten. Worte haben für verschiedene Menschen völlig unterschiedliche Bedeutungen. Der bildhafte Denker tendiert mehr zu Symbolen und benützt Bilder und Metaphern, um sich auszudrücken. Ein eher sachlicher Mensch mißversteht bildhafte Sprache sehr oft, weil er zu sehr an der wörtlichen Bedeutung der Worte klebt, und verpaßt oft die Pointe in einem Witz. Es gibt auch Menschen, die beide Arten zu denken und zu sprechen benützen, je nachdem, wie es gerade in die Situation paßt. Ein gutes Beispiel ist jemand, der sehr bildhaft und anschaulich die negativen Seiten eines anderen beschreibt, aber sehr wörtlich und pedantisch wird, um auszudrücken, daß er „im Recht" ist. Er wird sofort sehr prosaisch und verlangt ganz präzise Antworten von seinem Gegner, ganz im Gegensatz zu seinen eigenen bildhaften Umschreibungen.

Wir neigen unbewußt dazu, genau das Denkmuster zu benützen, was uns im Moment gerade am besten paßt. Da wir in den meisten Lebenssituationen unbewußt reagieren, ziehen wir ganz automatisch das Denkmuster hervor, das uns die schnellste und passendste Reaktion liefert. Wir reden und rationalisieren, bis wir blau im Gesicht sind, und verpassen dabei vollkommen die Themen, um die es wirklich geht. Vor allem ignorieren wir unsere eigenen tieferen Gefühle und die Empfindungen der anderen.

Da unser Ego mit unserem tief verwurzelten Überlebensinstinkt in Verbindung steht, werden wir süchtig danach, recht zu haben. Wenn wir uns einmal in das Rechthaben hineingesteigert haben, schneiden wir unsere Sensibilität für die Gefühle anderer Menschen ab. Wir empfinden auch oft die mangelnde Sensibilität eines anderen als Angriff und reagieren auf der gleichen (Ego-)Ebene. Reden ist ein Ableger des Denkens, deshalb ist es äußerst selten, daß wir uns durch Worte wirklich mitteilen. Die Tatsache, daß wir Konversation „machen", spricht für sich selbst. Echte Kommunikation drückt sich in unserem Gesicht, unseren Augen, unserer Körpersprache und im Klang unserer Stimme aus. Wohl jeder hat sich schon selbst erlebt, wie er mit zusammengepreßten Zähnen und finsterem Blick gesagt hat, wie „wundervoll" er sich heute fühlt. Der Körper sagt die Wahrheit, nicht der Inhalt der Worte.

Viele Künstler haben eine sehr ausdrucksvolle Körpersprache, weil sie nach außen die gleichen Gefühle ausdrücken wie in ihrer Kunst. Man könnte den Satz von vorher umdrehen: Kreative Menschen fühlen; Verstandesmenschen vermeiden Gefühle, indem sie sie analysieren.

Worte sind nicht besonders wirksam, um Erfahrungen in aller Klarheit auszudrücken. Tatsächlich wird Leben in dem Maße kompliziert, wie Gefühle durch Symbole (Worte) ersetzt werden. Gefühle sind auf einer grundlegenden Energie-Ebene sehr wichtig. Menschen im gleichen Raum, die nicht miteinander sprechen, zum Beispiel in einem Wartezimmer, fühlen schließlich dasselbe oder reagieren aufeinander auf derselben Energieebene. Wie Wasser findet Energie ganz natürlich ihr eigenes Gleichgewicht. Die Schwingung der Gefühle und Emotionen von Menschen in unserer Nachbarschaft beeinflußt unsere eigenen Gefühle deshalb so stark, weil Gefühle mehr Kraft haben als Worte.

Gefühle sind im Augenblick lebendig, sie drücken die Wahrheit aus, wer wir jetzt gerade sind. Um unsere wahren Gefühle in jedem Moment zu erkennen und zu spüren, müssen wir bewußt in der Gegenwart sein. Worte sind nur nützlich, um Gefühle oder Objekte zu beschreiben. Sie haben keine Realität in sich selbst. Mit Worten erschaffen wir eine Welt der Illusion. Sie können emotionale Reaktionen in uns hervorrufen, die uns noch mehr in die Illusion treiben. Wir verlieren dann das Gefühl für den gegenwärtigen Augenblick und verirren uns in der Vergangenheit oder Zukunft oder einer anderen eingebildeten Realität.

An diesem Punkt ist es wichtig, den grundlegenden Unterschied zwischen Gefühlen und Emotionen zu sehen.

Gefühle sind mit Bewußtsein verbunden. Wir empfinden, was in unserem Körper oder Geist gerade vor sich geht. Eine Emotion könnte man als eine intensive Reaktion auf unbewußte Gedanken bezeichnen und wird häufig auf der äußeren Ebene ausgedrückt. Wie bereits erwähnt, wurden Emotionen oft durch Worte oder Gedanken provoziert. Wir rufen in uns selbst Emotionen hervor, wenn wir uns mit der Vergangenheit beschäftigen oder uns unnötige Sorgen über die Zukunft machen. Manchmal kommen starke Emotionen hoch, wenn wir aufgrund unserer alten Programme auf eine andere Person reagieren. Ein typisches Beispiel ist, wenn jemand in einer neuen Partnerschaft auf eine völlig harmlose Bemerkung des Partners negativ reagiert, weil ihn dieser Satz an ein negatives Erlebnis in einer früheren Beziehung erinnert. Wenn wir in einer solchen Situation emotional reagieren, drücken wir im allgemeinen Gefühle aus, die nur mit der Vergangenheit zu tun haben. Diese Reaktionen sind – wie die meisten unserer Denkprozesse – völlig unbewußt und haben mit der gegenwärtigen Situation kaum etwas zu tun.

Es ist sehr wichtig, mit unseren Gefühlen in Berührung zu sein, um für den gegenwärtigen Moment bewußter zu werden.

Wenn wir „im Kopf" sind, verlieren wir den Kontakt zu unseren wahren Gefühlen. Starke Emotionen können den Bewußtseinszustand völlig beherrschen und uns in einen Zustand der Täuschung versetzen.

John Ray hat in Body Electronics eine Tabelle der sieben wichtigsten Emotionen aufgestellt, um zu illustrieren, wie stark diese Emotionen uns in einem Schlafwandler-Zustand halten (siehe nächste Seite).

Beim ersten Blick auf die Tabelle kann man eine Trennungslinie durch die Stufe der Angst erkennen. Wenn wir durch eine der Emotionen unterhalb der Angst-Ebene gefesselt sind, manchmal auch auf der Angst-Ebene selbst, neigen wir dazu, uns als Opfer der Umstände und den anderen ausgeliefert zu fühlen. In diesem Fall haben wir wenig oder so gut wie gar keine Kontrolle über unser Leben. Wenn wir in der niedrigen Schwingung dieser Emotionen gefangen sind, ist es buchstäblich unmöglich, ein Gefühl dafür zu haben, daß wir unser Leben selbst bestimmen können. Dieser Zustand steht in einem totalen Gegensatz zu einem Menschen, der seine eigenen Entscheidungen trifft, seine eigenen Ziele wählt, seinen Kurs sicher steuert und somit der Schöpfer seines Lebens ist. Jemand, der wie ein Künstler sein Leben selbst erschafft, befindet sich in einem natürlichen Zustand der Begeisterung. Das Gegenteil ist die Opfer-Rolle, in der man von den Umständen dominiert wird.

Um echte emotionale Heilung zu erfahren, ist es wichtig, weiterzugehen bis zur letzten Stufe und nicht in einer der Emotionen steckenzubleiben. Erst wenn die Emotionen bewußt erlebt und losgelassen wurden, können die Gefühle geheilt werden, wie z.B. nach dem unerwarteten Tod eines geliebten Menschen. Wenn man vom Tod erfährt, ist die erste Reaktion vielleicht eine mildere Form von Schock oder Apathie. Man will es nicht glauben. Im Stadium des Kummers hadert man mit dem Schicksal und fragt sich immer wieder: „Warum ist mir das passiert?“ Wir fühlen uns als Opfer der Umstände und der Situation völlig ausgeliefert. Auf der Stufe der Angst fangen wir an, der Realität ins Auge zu sehen, aber noch von einem sehr einseitigen Gesichtspunkt. „Wie kann ich ohne diesen Menschen leben?“ ist das Grundgefühl. Hier jedoch haben wir die Trennungslinie zwischen Ursache und Wirkung erreicht. An diesem Punkt können wir die Ebene der Opfer-Mentalität und der reinen Überlebensstrategie verlassen. Nach einiger Zeit wird Wut aufsteigen, Wut auf den Toten, weil er uns verlassen hat. Wir beginnen langsam, die Ursache zu erkennen, aber immer noch von einem einseitigen Standpunkt. Unsere Erinnerung läßt uns nur den Standpunkt der eigenen Erfahrung sehen, die Perspektive der anderen Seite (die des Toten) wird nicht in Betracht gezogen. Schließlich stellen wir uns dem echten Schmerz des Verlustes. Wenn wir bereit sind, den Schmerz wirklich zu erleben, ihn auszudrücken und loszulassen, können wir weitergehen zur Stufe der Begeisterung. Schmerz ist der Schlüssel zur ungeteilten Erinnerung, wo wir beide Seiten sehen und verstehen können. Es ist die Stufe, auf der Weiterentwicklung möglich wird, denn Schmerz ist die Ebene der Kundalini-Kraft. Sie bringt die gestaute Energie wieder in Bewegung und ermöglicht sogar körperliche Heilung. Gelingt es uns, für ein schmerzvolles Erlebnis dankbar zu sein, kann der Schmerz verschwinden. Wenn wir Begeisterung entwickeln für alles, was das Leben uns bringt, auch für den Schmerz, ihn voll annehmen und unser Leiden als Wegweiser für unsere Lernprozesse akzeptieren, können wir weitergehen zur Stufe der ungeteilten Erinnerung, wo wir beide Seiten einer Situation sehen. Wir können dann Leben und Tod gleichermaßen akzeptieren. An diesem Punkt beginnen wir, uns wirklich lebendig zu fühlen. Die Erfahrung des Todes hat uns gelehrt, das Leben zu schätzen.

Liebe und Begeisterung verwandeln Wut, Schmerz und Angst. Die Ebene von Ursache und Wirkung wird dadurch transzendiert, die Dualität aufgehoben. Nun können wir alle Aspekte eines Ereignisses erkennen. An diesem Punkt erleben wir die Ekstase bedingungsloser Liebe. Es ist deshalb außerordentlich wichtig, alle Gefühle mit Begeisterung zu erfahren, auch die negativsten und schmerzlichsten. Kummer oder Schmerz mit Begeisterung zu erleben, mag auf den ersten Blick widersprüchlich erscheinen. Es ist jedoch nicht damit gemeint, daß wir uns masochistisch wie ein Märtyrer in diesen Gefühlen baden, sondern daß wir sie mit voll bewußter Aufmerksamkeit erleben, damit sie schließlich umgewandelt werden können. Alle Gefühle müssen anerkannt, nichts darf unterdrückt oder begraben werden – aufgespart für einen Regentag, wenn wir es am wenigsten brauchen können. Wichtig ist auch, nicht kurz vor der Stufe der Begeisterung steckenzubleiben. Ein bekanntes Phänomen ist der Depressive, der mit Hilfe einer Therapie bis zur Stufe der Wut gelangt, wo er endlich seine lang vergrabenen Gefühle ausdrücken kann. Er fühlt sich durch die Wutausbrüche sehr erleichtert, denn Wut hat eine wesentlich höhere Schwingung als Kummer oder Apathie. Da sich das Herauslassen aufgestauten Ärgers so gut anfühlt, bleibt er auf dieser Stufe stecken und agiert nur noch seine Emotionen aus. Wut ist die Stufe vor der Konfrontation mit dem wirklichen Schmerz. An dieser Stelle brauchen wir sehr viel Mut. Wir müssen uns selbst daran erinnern, daß Schmerz, wenn er bereitwillig und liebevoll angenommen wird, sich schnell verwandelt. Wir müssen jedoch aufpassen, uns hier nicht selbst etwas vorzumachen. Wenn wir den Schmerz nur deshalb „akzeptieren“, damit er möglichst schnell verschwindet, erreichen wir genau das Gegenteil. Die Erwartung, etwas loszuwerden, erzeugt nur Widerstand, der den Schmerz am Leben hält. Nur die Bereitschaft, voll und ganz zu fühlen und zu verstehen, kann eine Veränderung herbeiführen. Es ist nicht notwendig oder gar wünschenswert, sich im Schmerz zu baden, wichtig ist nur, daß wir uns nicht gegen ihn sträuben. Wir müssen all unser Potential an Liebe und Enthusiasmus aktivieren und durch diese letzte Stufe hindurchgehen, so daß wir schließlich die Ebene echter Begeisterung erreichen, wo der Bereich der Gegensätze verschwindet.

An diesem Punkt wird es möglich, das ursprüngliche Urteil zu erfassen und holographisch alle Erinnerungen, die mit dieser einen Polarität verbunden sind, zu erfahren. Wenn wir wirklich in einem Zustand der Begeisterung sind, können wir die entgegengesetzte Dualität erfahren, beide Polaritäten zusammenbringen und sie auflösen.

Schließlich haben wir den Bereich der Gegensätze umgewandelt und erreichen den Zustand bedingungsloser Liebe. Wenn die Dualität uns nicht mehr kontrolliert, gewinnen wir die Freiheit der Wahl zurück und übernehmen die Verantwortung für unsere Entscheidungen. Offen für alle Möglichkeiten, können wir unser Leben wie ein Kunstwerk gestalten und Liebe und Begeisterung wählen, um unseren Weg zu erhellen.

Denk begeistert über alles,
besonders aber über deine
Arbeit. Wenn du das tust,
bringst du einen Hauch von
Glanz in dein Leben. Wenn
du deine Arbeit mit Begeisterung
liebst, kannst du alles daraus
machen; du wirst sie zu
wahrer Größe erheben und mit
Ansehen und Kraft füllen.

Norman Vincent Peale

Übung 6

Begeisterung erfahren

Erinnere dich an eine Situation, in der du sehr wütend oder ärgerlich warst. Konzentriere dich nicht so sehr auf den Inhalt der Situation, sondern mehr auf das Gefühl selbst. Wenn du das Gefühl des Zorns reaktiviert hast, dehne es aus. Fühle, wie es sich in deinem ganzen Körper und darüber hinaus in alle Richtungen ausbreitet. Wenn du die äußere Grenze erreicht hast, ziehe das Gefühl wieder zusammen, so daß es zu schrumpfen beginnt. Du kannst diese Übung mit dem Atem verbinden. Atme beim Ausdehnen ein, beim Zusammenziehen aus. Wiederhole dies mehrere Male. Führe nun die gleiche Übung mit einer Situation aus, in der du voller Begeisterung warst.

Du kannst diese Übung auch mit anderen Gefühlen durchführen oder mit einigen der Gedanken aus deinem Tagebuch (Übung 2).

Kapitel 7

Die Welt der Polarität

Seit menschliche Wesen auf der Erde existieren und eine physische Form angenommen haben, sind sie der Dualität unterworfen. Polarität ist in allem enthalten. In Wahrheit sind wir alle eins. Weil wir uns jedoch dieser Tatsache nicht bewußt sind, neigen wir dazu, die Dualität immer wieder neu zu erschaffen. Glücklicherweise werden wir durch die Spannung der polaren Gegensätze schließlich dazu gebracht, unsere Einheit zu verstehen.

Unsere gesamte Wahrnehmung der Realität baut auf Vergleichen und Gegensätzen auf. Wir verstehen die Welt und unsere eigene Existenz nur, indem wir alles an etwas anderem messen: hell und dunkel, heiß und kalt, Leben und Tod. Ohne diese Vergleiche wäre es schwierig für uns, die Realität zu erkennen. Wir könnten Dinge nicht voneinander unterscheiden und würden wie ein neugeborenes Kind nur ein riesiges verschwommenes Bild wahrnehmen. Ein Objekt wird nur durch den Vergleich mit allem, was es nicht ist, erkannt. Zum Beispiel erkennen wir einen Stuhl nur deswegen als Stuhl, weil wir ihn mit allem vergleichen, was **nicht** Stuhl ist. In unserem Alltagsleben sind wir von unseren Sinneswahrnehmungen, die diesen Prozeß des Vergleichens ständig in einer ungeheuren Geschwindigkeit vollziehen, total abhängig, sonst würden wir keine sinnvolle und geordnete Realität erkennen. Auch die Philosphie der Naturwissenschaft basiert auf dieser Art von Wahrnehmung: Alles, was wir nicht in irgendeiner Weise messen, also für unsere Sinne erfaßbar machen können, ist nicht „real". Erst seit der Entwicklung der Quantenphysik ziehen Wissenschaftler auch die Existenz anderer Wirklichkeiten in Betracht.

Wir erfahren Polarität in der Welt und in uns selbst. Sie erscheint in den Rhythmen der Natur: Tag und Nacht, Sommer und Winter, Vollmond und Neumond, Ebbe und Flut. In unserem Körper steuern Gegensätze den Lebensprozeß: Wärme und Kälte, einatmen und ausatmen, Nahrungszufuhr und Ausscheidung. Auch unser Denken und Sprechen wird von Gegensätzen bestimmt: falsch und richtig, gut und schlecht, wichtig und unwichtig. Die Verständigung zwischen Menschen hängt von Gegensätzen und Vergleichen ab, sonst würden wir nicht verstehen, wovon der andere überhaupt spricht.

Jeder Pol ist auf seinen Gegenpol angewiesen, der eine existiert nicht ohne den anderen. Sie haben eine gemeinsame Basis, einen Schnittpunkt, wo sie sich berühren. Daß wir polare Gegensätze wahrnehmen, hängt mit unserer Existenz in Raum und Zeit zusammen. Normalerweise ist es für uns unmöglich, verschiedene Dinge zur gleichen Zeit wahrzunehmen. Zeit in unserer Dimension bringt die Dinge in eine bestimmte Ordnung und Reihenfolge, so daß wir sie nur auf einer linearen Basis, ein Ereignis nach dem anderen, erkennen können. Wenn wir diese Zeitbegrenzung transzendieren, sind wir offen dafür, die Einheit der Gegensätze zu erfahren.

Das Wirken der Polarität in unserem Alltag ist ein so selbstverständlicher Teil unserer Erfahrung, daß wir uns kaum je die Frage stellen, ob dies die einzige Wirklichkeit ist, die existiert. Wir denken selten über die Kraft nach, die die Gegensätze überhaupt erst in Existenz bringt.

Die uralte Weisheit der hermetischen Wissenschaft kann Licht auf den Bereich der Gegensätze werfen. Die Wurzeln dieses Wissens sind unbekannt, doch die Tatsache, daß sie – vor ihrer Einführung in Griechenland – unter Thorus, dem Gott der Weisheit, in Ägypten erschien, wird allgemein akzeptiert. Die ersten drei Gesetze von Hermes Trismegistos, dem griechischen Gott der Weisheit, verweisen auf das Absolute, denn sie sind ihrer Natur nach nicht-dual. Das erste Gesetz „Alles ist Geist", bezieht sich auf den universellen Geist (den Geist Gottes), der sich als unendliche Skala von Schwingungen manifestiert, von denen jede die verschiedenen Elemente des Universums produziert. Das zweite ist das Gesetz der Entsprechung, „Wie oben, so unten", und das dritte, das Gesetz der Schwingung, sagt aus: „Alles bewegt sich, alles ist Schwingung". Die letzten vier Gesetze der hermetischen Wissenschaft schildern die Bedingungen, die unser Leben regieren, denn sie beschreiben die Umstände, unter denen Leben in der Materie vor sich geht. Das vierte Gesetz stellt fest: „Alles ist doppelt; alles hat zwei Pole; jedes Ding hat sein Gegenteil". Das fünfte, sechste und siebte Gesetz ist das Gesetz des Rhythmus (auf und ab, vorwärts und rückwärts), das Gesetz von Ursache und Wirkung und schließlich das Gesetz des Geschlechts (männlich/weiblich). Tatsächlich behandeln die letzten vier von sieben Hauptgesetzen der hermetischen Wissenschaft speziell die Polarität. Die ersten drei Gesetze beschreiben die Wirklichkeit, während die letzten vier einen Zustand der Illusion beschreiben, den der Dualität. Wir müssen diese Illusion schließlich transzendieren, um ganz zu werden. Dualität sollte niemals als etwas Negatives oder „Schlechtes" betrachtet werden, denn sie gibt uns die notwendige Gelegenheit, zu wählen und zu lernen. Wenn wir dieses Konzept wirklich verstehen, können wir die Illusion der Trennung durchschauen. Wir werden dann in der Lage sein, andere in uns und uns selbst in anderen zu sehen.

Obwohl wir die meisten dieser Prinzipien intellektuell verstehen, müssen wir uns darüber im klaren sein, daß die Dualität uns sehr direkt und grundlegend berührt und es manchmal sehr kompliziert ist, damit umzugehen. Alles, womit wir uns identifizieren oder woran wir uns binden, hat ein polares Gegenteil, das uns im allgemeinen verborgen bleibt und deshalb als Schatten bezeichnet wird. Wir werden von unserem „Schatten" genauso – wenn nicht mehr – kontrolliert wie von der Seite der Polarität, mit der wir uns gerade identifizieren. Bevor wir einen Zustand der Einheit erreichen können, müssen wir uns der Identifizierung mit den Polaritäten bewußt werden und die Wurzeln ihrer Schatten-Aspekte ausreißen. Wirklich frei sind wir erst, wenn die Gegensätze zusammengebracht und neutralisiert wurden.

Eine Untersuchung der jüngsten Geschichte zeigt ein ausgezeichnetes Beispiel, wie Gegensätze zusammengebracht werden. Über Jahre hinweg prallten marxistische und kapitalistische Doktrin aufeinander. Jede Doktrin widersetzte sich der anderen und investierte eine Menge Energie in die Gegenseite, um den Konflikt am Leben zu erhalten. (Erinnerst du dich? Alles, was wir ablehnen, bleibt bestehen.) Der Kalte Krieg setzte sich über viele Jahre fort, bis jede Seite die eigene Ideologie zugrunde richtete. Die Menschen im Westen verließen sich zu sehr auf den allmächtigen Dollar. Sie überließen ihre persönliche Macht der Habgier und zerstörten im Verlauf dieses Prozesses den größten Teil der Wirtschaft. Im Osten traten die Menschen ihre persönliche Macht an die Regierung ab. Sie gaben ihre Autonomie auf, damit die Regierung sich um das Verteilungssystem kümmerte: Nahrung, Kleidung und alle anderen täglichen Grundbedürfnisse. Der völlige Mangel an Ansporn und Motivation durch Aufgeben der Eigenverantwortung führte schließlich zum endgültigen Niedergang des Systems. Zur Zeit bewegt sich der Westen am Rande des finanziellen Zusammenbruchs.

Die beiden scheinbar getrennten Ideologien – Marxismus und Kapitalismus – sind im Grunde zwei Seiten derselben Münze. Die eine Seite konzentrierte sich mehr auf das Wohlergehen der Gruppe als Ganzes, während die andere Seite die Entwicklung des Individuums betonte. Jede ist auf ihre Weise eine wertvolle Ideologie. Wenn sie ins Gleichgewicht gebracht würden, könnten sie ungeheure Möglichkeiten für wirtschaftlichen Erfolg bieten. Die beiden Ideologien sind im Grunde nur geistige Strukturen. Es sind Ideen in unserem Kopf, wie die Dinge sein sollten. Keine von beiden ist unbedingt wertvoller als die andere. Das mangelnde Bewußtsein der Menschen, die diese Ideologien unterstützten, führte zu ihrem Untergang, nicht die ideologischen Strukturen selbst. Den gleichen Mangel an Bewußtsein können wir in den „heiligen" Kriegen der alten christlichen Kreuzfahrer sehen und im sogenannten „heiligen" Krieg Saddam Husseins. Jedem vernünftigen Menschen ist klar, daß es so etwas wie einen „heiligen" Krieg nicht gibt. Nur jemand, der so verloren und gefangen in seinen Urteilen und Überzeugungen ist, daß er vergessen hat, wer er wirklich ist, kann überhaupt auf den Gedanken eines „heiligen Krieges" kommen.

Das Festhalten an dem Konzept „Nur meine Seite ist die richtige", ob es sich nun um Politik, Religion oder persönliche Angelegenheiten handelt, stammt aus einer sehr alten, tief in unserem Bewußtsein eingepflanzten Überlebensstrategie. In der Urzeit waren die Menschen ständigen Gefahren ausgesetzt, schnelle Reaktionen deshalb lebensnotwendig. Wir mußten sofort „recht haben", um unsere Haut zu retten. Wenn ein gefährliches Tier unseren Weg kreuzte oder eine Horde Banditen in unser Territorium einbrach, brauchten wir eine sofortige Antwort auf die Situation. Wir mußten **Jetzt** richtig reagieren und hatten keine Zeit für lange Überlegungen und Logik. Instinkte waren wichtiger als ein innerer Dialog über die richtige oder falsche Antwort. Es gab nur eine Antwort – die richtige.

In der Urzeit war es also durchaus angemessen, recht zu haben. Unglücklicherweise ist uns diese Eigenschaft heute zur zweiten Natur geworden. Die Persönlichkeit hängt immer noch an dem Bedürfnis, unbedingt recht zu haben und setzt alle anderen (unsere polaren Gegensätze) ins Unrecht. Bedauerlicherweise wird das zu einer schlechten Gewohnheit. Das Endresultat ist, daß der Verstand ständig Fehler und falsches Verhalten in anderen sieht und sie dafür anklagt. Die „Fehler“ in uns selbst werden nach außen projiziert.

Dieses Muster tritt dann besonders häufig auf, wenn wir unglücklich oder unzufrieden mit uns selbst sind. Wir schieben anderen die Schuld zu, machen ihnen Vorwürfe oder fangen an, uns zu verteidigen, wenn es gar nicht angemessen ist. Wenn wir andere unbewußt beschuldigen, fällt dies auf uns selbst zurück, denn sie reagieren genauso unbewußt und schieben automatisch uns die Schuld zu. Das Karussell der unbewußten Reaktionen dreht sich ewig weiter. Es gibt nur einen Weg, diesen Prozeß aufzuhalten: Die unbewußten Anteile müssen bewußt gemacht werden.

Die Dualität enthält Spannung, und diese Spannung schafft die Illusion zweier entgegengesetzter Seiten, die sich anscheinend selbst vernichten. In Wirklichkeit ergänzen und vervollständigen die Gegensätze einander und schaffen ein einzigartiges Ganzes. Wenn zwei Gegensätze zusammenkommen, entsteht eine heilige Dreieinigkeit, zum Beispiel, wenn ein Mann und eine Frau sich vereinigen und ein Kind bekommen. Sogar Religion und Wissenschaft, die auch heute noch entgegengesetzte Kräfte zu sein scheinen, werden von Teilhard de Chardin als „die beiden verbundenen Kräfte oder Gesichter ein und desselben Wissens“ beschrieben. Normalerweise sehen wir jedoch nicht die heilige Verbindung der Gegensätze, sondern nur eine Seite einer Sache und schneiden das polare Gegenteil ab. Hier beginnt die Herausforderung und der Kampf mit den „Problemen". Der natürliche Fluß offener Möglichkeiten ist unterbrochen.

Auf der persönlichen Ebene erleben wir die Polarität als Trennung von Subjekt und Objekt. Wir erfahren ein „Ich", das sich von der „Welt" getrennt fühlt. Wenn wir die Welt als etwas betrachten, das von uns grundsätzlich verschieden ist, können wir nicht mehr den Zusammenhang sehen, der zwischen allem besteht. Die Welt „außerhalb" von uns wird dann zu einer Bedrohung, der wir uns widersetzen und die wir bekämpfen.

Dieses Muster hängt eng damit zusammen, daß wir uns mit bestimmten Ideen über uns selbst identifizieren. Selbstbilder können nur durch Ablehnung des entsprechenden Gegenpols aufrechterhalten werden. Wenn sich jemand zum Beispiel für einen erfolgreichen Menschen hält, wird er alle Erfolglosen und Gescheiterten ablehnen und den Kontakt mit ihnen vermeiden, weil sie das erfolglose Element in ihm selbst spiegeln. Das gleiche Muster spielt sich natürlich auch umgekehrt ab. Ein erfolgloser Mensch wird die aus seiner Sicht Erfolgreichen hassen und bekämpfen. Der Widerstand gegen die andere Seite kann viele Formen annehmen: Neid und Eifersucht, Vermutungen, daß der andere den Erfolg auf nicht ganz saubere Weise erzielt hat, oder sogar der Versuch, ihn zu Fall zu bringen. Da wir in einer Gesellschaft leben, die Erfolg so hoch einschätzt, ist dieses Muster sehr verbreitet. Es spielt sich täglich in der Politik, im Sport, am Arbeitsplatz und in unserem Privatleben ab. Früher oder später müssen wir beide Pole akzeptieren: gewinnen und verlieren

Wenn wir uns mit einem Gedanken oder einer Idee identifizieren, verschwindet die andere Seite in die Dunkelheit des Unbewußten. Obwohl sie ein Schattendasein führt, ist sie immer noch sehr lebendig und beeinflußt unser Leben auf subtile Weise. Je länger eine ungeliebte oder angstauslösende Eigenschaft unterdrückt und in den Hintergrund gedrängt wird, desto mehr Sprengkraft enthält sie. Sie kann aus dem Schattendasein jederzeit wieder an der Oberfläche auftauchen und ein sorgsam aufgebautes Selbst-Konzept zerstören. Manche Menschen neigen dann zu einer Radikalkur und wechseln – auf sehr unbewußte Weise – schnell die Religion oder die Ideologie.

Um diesen Prozeß zu beenden, muß die andere Seite aus dem Schattendasein herausgeholt und ins Licht des Bewußtseins gebracht werden. Nur dann können wir die Illusion der Gegensätze durchschauen. Die Illusion selbst ist in unseren Sinnen verwurzelt und wird so lange andauern, wie die Sinne existieren.

Um heil und ganz zu werden, ist es notwendig, sich mit der Polarität bewußt und ehrlich auseinanderzusetzen und schließlich mit ihr auszusöhnen. Schuldzuweisungen verstärken die Gegensätze nur. Wenn wir die dunklen Aspekte der Realität wirklich anschauen und die Schatten in uns selbst bewußt annehmen, können wir die Macht der unbewußten Muster auflösen und die gegensätzlichen Aspekte sogar neutralisieren und transzendieren.

Der Bereich der Gegensätze ist
nicht schwer zu finden; tatsächlich
scheint dies alles
zu sein, was existiert. Der
Bereich des Absoluten existiert
nicht, bis du ihn bewußt
erschaffst. Dies ist ein schmaler
Pfad, der kaum bemerkt wird,
er ist tatsächlich nicht da,
bis du ihn erschaffst.

Unbekannt

Übung 7

Die andere Seite sehen

Denk an eine Situation, in der du mit jemandem in einem Konflikt oder Streit warst. Rufe dir alle Argumente, Gedanken und Gefühle wieder ins Gedächtnis, die mit der Situation verbunden waren. Sieh deinen „Gegner“ deutlich vor dir.

Versetze dich jetzt in seine Position und beginne, seine Gedanken zu denken und seine Gefühle und Reaktionen zu spüren. Schau aus seiner Perspektive auf dich selbst, wie er dich wahrnimmt und hört. Tu dies so intensiv wie möglich, so daß du wirklich der andere „bist”.

Versetze dich jetzt wieder in deine eigene Position zurück. Wie fühlst du dich? Was hat sich geändert? Achte auf Veränderungen in deinem Bewußtsein.

Du kannst diese Übung auch mit anderen Ereignissen aus deinem Leben durchführen, indem du einfach die Perspektive wechselst und die entgegengesetzte Position einnimmst.

Kapitel 8

Gebundenheit – das Vergnügen, ein Erdsüchtiger zu sein

Es gibt eine alte Geschichte über eine Gruppe von Göttern, die zusammenkamen, um den Zustand des Lebens auf der Erde einzuschätzen. Als die Gruppe die Spiele der Menschen und Tiere auf der Erde näher betrachtete, machte einer von ihnen eine Bemerkung über die Schwierigkeiten, die menschliche Wesen bei dem Versuch haben, die Anziehungskraft der Materie zu transzendieren. Er bemerkte, daß es auf der Erde zwar viel Unglück und Schmerz gäbe, damit die Menschen daran wachsen und sich entwickeln könnten, andererseits aber die Freuden und Vergnügungen für die meisten zu attraktiv wären, um „auf der Erde zu leben, aber nicht von der Erde zu sein". Viele der Götter murmelten Zustimmung. Schließlich meinte einer, daß die starke Anziehungskraft der Materie doch auch für einen von ihnen eine ungeheure Herausforderung wäre, einen irdischen Körper anzunehmen und trotzdem bewußt zu bleiben. Einer der Götter widersprach: „Wir sind so weit entwickelt", sagte er, „wir können der Anziehungskraft des irdischen Lebens nicht erliegen. Um es zu beweisen, werde ich sechs Monate lang einen Körper annehmen, und um die ganze Sache noch schwieriger zu machen, werde ich den Körper eines Tieres annehmen. Nach sechs Monaten werde ich zu Euch zurückkommen."

Die anderen Götter waren sehr erstaunt über seinen Mut, aber getreu seinem Wort stieg er zur Erde hinab und trat in den

Körper eines kleinen Schweins ein. Am Anfang fühlte er sich sehr unbehaglich, in der dichten Materie so eingeschränkt zu sein, aber bald verlor er sich ganz in dem Vergnügen, an den warmen Zitzen seiner Mutter zu saugen. Er grunzte und schnaubte und genoß mit allen Sinnen das Vergnügen, ein Schwein zu sein. Sein Körper wuchs schnell, und er stopfte sich glücklich und zufrieden mit dem Schweinefutter voll, das der Bauer ihm hinwarf. In kurzer Zeit wurde er ein ausgezeichnetes Zuchttier.

Die anderen Götter schauten voll Verwunderung auf das Benehmen ihres Freundes. „Er hat sich in der Materie verirrt", sagte einer. „Da kommt er nie wieder heraus", meinte ein anderer. Als sich die sechs Monate dem Ende näherten, gingen einige der Götter auf die Erde, um das junge Schwein daran zu erinnern, wer es wirklich war. Das Schwein ignorierte sie, grunzte fröhlich und rannte zu seinem Futter. Welchen Trick die Götter auch anwandten, das Schwein reagierte nicht. In ihrer Verzweiflung beschlossen sie schließlich, das Schwein zu schlachten, um den Gott freizusetzen. Als sie das getan hatten, waren sie total schockiert, ihren Freund immer noch am Boden herumkriechen zu sehen. Er brauchte lange Zeit, bis er sich erinnerte, wer er wirklich war.

Der Gott war ein Erdsüchtiger geworden – wie wir selbst. Wir sind alle auf die eine oder andere Art süchtig; nicht unbedingt nach Drogen, Essen oder Alkohol im üblichen Sinne, sondern süchtig nach Dingen, mit denen wir uns identifizieren und an die wir uns klammern können. Es ist eine Sucht nach Bestätigung, daß wir wirklich existieren. Um nicht der Leere oder Sinnlosigkeit zu begegnen, die uns gelegentlich überfällt, greifen wir nach etwas, woran wir uns festhalten können, seien es Dinge, Menschen oder Überzeugungen.

Wir hängen an unserem Leben, im Körper, um dem Gedanken an den unvermeidlichen Tod auszuweichen. Wir hängen an unserer Familie und unseren Freunden, weil wir Angst vor dem

Alleinsein haben. Wir kleben an unseren Gedanken, weil wir glauben, daß sie unsere „Probleme“ lösen. Wenn wir nur lange genug über etwas nachdenken, wird uns schon eine Lösung einfallen. Wir bleiben an der Vergangenheit haften, weil sie dem Ego eine Geschichte liefert, mit der es sich identifizieren kann. Und unsere liebsten ständigen Begleiter sind unsere Gewohnheiten, weil sie uns die mühsame Aufgabe abnehmen, sich immer wieder neu mit dem Leben auseinanderzusetzen und Entscheidungen zu treffen. Es ist viel einfacher, unsere Scheuklappen beizubehalten und alten Mustern zu folgen, als das Leben mit neuen Augen zu sehen.

Unsere Abhängigkeit beginnt am Anfang unseres Lebens auf der Erde. Wir haben uns dazu entschlossen, einen Körper anzunehmen, an den wir bis zu unserem physischen Tod gebunden sind. Da wir diese Form der Existenz gewählt haben, identifizieren wir uns mit unserem Körper besonders stark. Er ist das Werkzeug, mit dem wir unser Wesen zum Ausdruck bringen. Um zu überleben, sind wir darauf angewiesen, daß er gut funktioniert. Ist er nicht mehr voll einsatzfähig, schränkt dies auch unsere Handlungsfreiheit ein. Wenn wir zum Beispiel müde sind oder Kopfschmerzen haben, beeinflußt das alle anderen Ebenen unseres Selbst; unsere Konzentration läßt nach, oder unsere Gefühle sind blockiert.

Wir identifizieren uns auch mit einer bestimmten Vorstellung von unserem Körper, die seine physische Struktur tatsächlich beeinflußt. Das Körperbild, das wir in unserem Geist produzieren, strahlt nach außen aus und wird durch andere Menschen reflektiert. Fast jeder hat diese Situation schon einmal erlebt: Man schaut morgens in den Spiegel, findet sich schön und akzeptiert sich so, wie man ist. Dieses positive Bild wird von den Menschen, denen man an diesem Tag begegnet, bestätigt. Sie machen einem vielleicht mehr Komplimente oder gehen freundlicher mit einem um.

Unser Körper ist jedoch nur eine Ebene unseres Seins. Wenn wir uns zu einseitig mit seiner Form oder seinen Fähigkeiten identifizieren, machen wir uns abhängig. Menschen, die sehr mit ihrem Körper identifiziert sind, wie Sportler, Tänzer oder Schauspieler, sind darauf angewiesen, daß ihr Körper immer in guter Verfassung ist. Ihr Leben ist vorwiegend auf ihre körperlichen Fähigkeiten ausgerichtet. Wenn ihnen durch einen Unfall oder eine Krankheit diese Identität genommen wird, kann es zu einem Zusammenbruch kommen.

Das Festhalten an starren Körperbildern, ob positiv oder negativ, reduziert unsere Möglichkeiten, uns auf allen Ebenen zu heilen und ganz zu werden. Die Art, wie wir mit Krankheit umgehen, zeigt dies sehr deutlich. Auf einer oberflächlichen Ebene möchte jemand vielleicht gesund werden, insgeheim will er die Krankheit jedoch behalten, weil sie ihm auch Vorteile bringt. Zum Beispiel „nimmt man sich seine Grippe", um endlich einmal die Ruhe zu haben, die man sich sonst nicht gönnen würde. Krankheit ist auch ein Weg, um Aufmerksamkeit zu erhalten. Für Kinder ist es oft die einzige Möglichkeit, ihre vielbeschäftigten Eltern einmal für sich zu haben und Zuwendung zu bekommen.

Krankheit ist weder gut noch schlecht, sondern einfach eine Gelegenheit, zu wachsen, zu lernen und tiefere Ebenen unseres Seins zu erforschen. Das setzt voraus, daß wir einmal einen Schritt zurücktreten und uns selbst aus einer anderen Perspektive betrachten. Diese Distanz läßt uns vielleicht Aspekte von uns selbst erkennen, die wir vorher nicht gesehen haben.

Margret, eine starke Frau, die auch in ihrem Beruf erfolgreich ist, konnte etwas Neues in sich entdecken: „Nach einem Unfall mußte ich wochenlang im Krankenhaus liegen und konnte mich kaum bewegen. Zum ersten Mal in meinem Leben war ich schwach und von anderen Menschen abhängig. Es war für mich eine völlig neue Erfahrung, Hilfe von anderen Menschen zu akzeptieren. Und zu meiner großen Überraschung entdeckte ich, daß sie es nicht aus einem Gefühl der Verpflichtung, sondern mit Freude taten. Es war wunderbar, einmal umsorgt zu werden. Da ich immer die starke Frau gespielt hatte, gab ich andern nie die Gelegenheit, auch etwas für mich zu tun. Erst durch meine Krankheit konnte ich beides annehmen: meine Stärke und meine Schwäche." Margret sah die Krankheit nicht als etwas Negatives, sondern lernte aus ihrer Erfahrung. Sie gab ihr Selbstbild auf: die starke Frau, die niemals Schwäche zeigen darf.

Jedesmal, wenn wir etwas aufgeben, woran wir besonders hängen, öffnet sich etwas in uns. Wir haben ein Stück Freiheit gewonnen und können zur nächsten Stufe in unserer Entwicklung weitergehen. Unser Bewußtsein weitet sich aus, weil es sich nicht mehr in dem engen Rahmen einer starren Identifizierung bewegt. Wenn wir Blockaden im Bewußtsein loslassen, macht sich dies auch körperlich bemerkbar. Der Atem fließt freier, und wir sind nicht mehr so angespannt.

In unserem Alltag fällt uns das Loslassen natürlich schwerer, weil wir meist vollkommen in das verwickelt sind, was gerade vor sich geht. Wir haben keine Distanz und können die Dinge nicht objektiv sehen. Das liegt vor allem daran, daß wir besonders hartnäckig an unseren Gewohnheiten hängen und dies uns nicht einmal bewußt ist.

Wir tun viele Dinge nur deshalb, weil wir es immer so gemacht haben, ohne uns zu fragen, ob es überhaupt sinnvoll ist. Gewohnheiten sind nicht schlecht, solange wir uns bewußt sind, was wir tun. Wenn sie uns jedoch so beherrschen, daß wir keine spontanen Entscheidungen mehr treffen können, schneiden sie uns von der direkten Erfahrung des Lebens ab. Sie können zum Zwang werden und uns in das Gefängnis der „Macht der Gewohnheit" einsperren. Wenn wir zum Beispiel immer denselben Weg zur Arbeit fahren, nehmen wir uns die

Möglichkeit, auch einmal etwas anderes zu sehen und zu erfahren. Liebgewonnene Gewohnheiten aufzugeben, kann das Leben wieder zum Abenteuer machen. Es ist schon sehr befreiend, einmal einen Tag lang alles anders zu tun als sonst, zum Beispiel beim Frühstück auf einem anderen Stuhl zu sitzen oder das Waschbecken so zu putzen, als würden wir dies zum ersten Mal in unserem Leben tun. Bewußt ausgeführte Handlungen stärken unsere Fähigkeit, voll da zu sein. In der Lehre der Sufis ist das Aufgeben von Gewohnheiten der erste Schritt auf dem Weg zur Befreiung.

Gewohnheiten hängen eng mit unserem Selbstbild zusammen. Wir haben viele Konzepte darüber, wer, wie und was wir sind bzw. sein sollten. Die Identifizierung mit diesen Bildern geht sehr tief; wir können uns an ihnen festhalten, wenn wir unsicher sind, und neue produzieren, wenn die alten sich nicht mehr bewähren. Der Welt präsentieren wir natürlich nur die positiven Selbstbilder, die negativen halten wir gut versteckt. Doch trotz aller mühsamen Versuche, diese Identitäten aufrechtzuerhalten, stehen sie auf sehr unsicherem Boden. Wir hängen an diesen Illusionen auch, weil wir nicht ehrlich uns selbst gegenüber sind und negative Seiten in uns nicht sehen wollen.

Wenn andere Menschen uns kritisieren oder unser Selbstbild in Frage stellen, löst das Angst aus. Als Kinder haben wir Verhaltensmuster angenommen, die uns Anerkennung und Zuneigung garantierten. Wir haben gelernt, „unangemessenes" Verhalten wie Gefühlsausbrüche zu unterdrücken, weil wir dafür kritisiert oder zurückgewiesen wurden. Als Erwachsene halten wir immer noch daran fest, weil wir Angst haben, nicht mehr geliebt und anerkannt zu werden, wenn andere unser wahres Gesicht sehen: unsere Ängste, Gefühle und Unsicherheiten. Wir lassen nach außen nur die Eigenschaften zu, von denen wir glauben, daß sie von der Umwelt akzeptiert werden.

Wir sehen uns als ehrlich, hilfsbereit, freundlich, geduldig usw. Das geht natürlich nur, wenn die sogenannten schlechten Eigenschaften unterdrückt werden: Wut, Eifersucht und Unehrlichkeit.

Wir verbrauchen eine Menge Energie, um uns selbst und die anderen zu täuschen. Weil wir alle Kraft in dieses Spiel investieren, verlieren wir den Kontakt mit unseren innersten Gefühlen. Um innere Stärke zu entwickeln, müssen wir uns von der Identifizierung mit bestimmten Selbstbildern lösen und wirklich alle Aspekte in uns anerkennen.

Wir haben die Wahl: Wir können entweder unser ganzes Leben vor uns selbst davonlaufen oder aber riskieren, die Wahrheit über uns zu entdecken, indem wir uns mit all diesen verschiedenen Ichs, den „guten" wie den „schlechten", aussöhnen und sie loslassen. Das mag zunächst erschreckend und schwierig erscheinen. Wenn wir uns jedoch ohne Werturteile beobachten, können wir unsere innersten Gefühle und Fähigkeiten freilegen und unsere Zeit auf der Erde mit Liebe und Begeisterung erleben.

Wir sollten uns von Zeit zu Zeit daran erinnern, daß unser Körper und unsere Identität nur Stationen auf der Reise durch die unendlichen Weiten des Seins sind; eine Gelegenheit, Erfahrungen in einer bestimmten Raum-Zeit-Dimension auszuprobieren und daraus zu lernen. Das Leben in all seinen Aspekten auf der Erde kann dazu führen, nach besonders intensiven Erfahrungen süchtig zu werden, so daß wir sie immer wieder machen wollen. Das bedeutet nicht, daß wir sie nicht genießen sollten. Wir müssen nur aufpassen, daß wir uns nicht wie der Gott in unserer kleinen Geschichte damit identifizieren und vergessen, wer wir wirklich sind. Je mehr wir uns von Bindungen lösen, umso mehr erweitert sich unser Bewußtsein für größere Dimensionen.

Es ist möglich, Menschen, Dinge, Erfahrungen und sogar

unsere Überzeugungen zu lieben, ohne daran zu hängen oder davon abhängig zu werden. Wenn wir uns von unseren irdischen Süchten befreien, können wir die Wahrheit bedingungsloser Liebe erfahren. Dann sind wir „in dieser Welt, aber nicht von dieser Welt".

Niemand, der herausgefunden hat,
wer er ist, war je enttäuscht.

Charles Lewis

Übung 8

Bindungen loslassen

Denke an etwas, an dem du sehr hängst, zum Beispiel an einen Gegenstand, einen Menschen oder eine Überzeugung. Stelle es dir sehr deutlich vor, mit allen Gefühlen, Gedanken, Sinneswahrnehmungen und Erinnerungen.

Hülle dieses Bild in eine durchsichtige Seifenblase ein. Laß die Seifenblase vor dir auf und ab schweben. Atme tief ein und laß mit dem Ausatmen die Blase zerplatzen.

Du kannst diese Übung auch mit einem „Problem“ machen, das dich gerade beschäftigt.

Kapitel 9

Die Herausforderung, im Augenblick zu leben

Im Augenblick zu leben bedeutet, wirklich wach und lebendig in der Gegenwart zu sein. Sobald ein Gedanke auftaucht, der mit der Vergangenheit oder Zukunft zu tun hat, schlafen wir wieder ein und verlieren den Kontakt mit unserem Kern-Selbst.

Die meiste Zeit wandern wir innerlich durch ein Museum, das mit alten Gedanken und Überzeugungen vollgestopft ist. Das Netz aus flüchtigen Gedanken ruft häufig auch Emotionen hervor, die uns noch mehr vom gegenwärtigen Augenblick ablenken. Wenn wir zum Beispiel gerade einen wundervollen Tag genießen und uns jemand an ein unangenehmes Erlebnis erinnert, das vielleicht vor einer Woche passiert ist, reproduzieren wir diesen Vorfall in unserem Geist und grübeln über ein Ereignis nach, das mit negativen Emotionen verbunden ist. Wir ziehen diese Emotionen dann in die Gegenwart und ruinieren damit den ursprünglich als angenehm erlebten Tag.

Gedanken und Gefühle aus der Vergangenheit wandern pausenlos durch unseren Geist und lenken unsere Aufmerksamkeit von der Gegenwart ab. In unserem Kopf läuft ein endloses Tonband, das sich mit Sorgen und Problemen beschäftigt: Was habe ich gestern vergessen, was mache ich im Urlaub, was denkt der jetzt von mir, was muß ich noch erledigen usw.

Die meisten Menschen, die zu meditieren beginnen, sind am Anfang entsetzt über das, was sich ständig in ihrem Kopf abspielt. Es war ihnen vorher in diesem Ausmaß nicht bewußt. Viele geben wieder auf, wenn sie merken, daß die Arbeit an sich selbst beständige Disziplin erfordert und die feste Absicht, auch oder gerade dann weiterzumachen, wenn Schwierigkeiten auftauchen. Ironischerweise müssen wir jedoch den starken Wunsch nach Bewußtheit tatsächlich neutralisieren, damit wir uns auf dieses Ziel nicht fixieren. Wenn man unbedingt ein „bewußter" oder „erleuchteter" Mensch werden will, kann das leicht in ein Ego-Spiel umkippen, und wir verirren uns wieder im Labyrinth der Gedankenkristalle. Unsere erfolgs- und zielorientierte Gesellschaft unterstützt spirituellen Ehrgeiz bis zu einem gewissen Grad und ermutigt uns, zu wachsen und uns weiterzuentwickeln. Wenn wir jedoch einem fernen „heiligen Ziel" in der Zukunft nachjagen, vergessen wir allzu leicht, daß wir es jetzt in diesem Moment schon in den Händen halten. Es gibt nichts zu erreichen, jeder Augenblick ist in sich vollkommen.

Viele große Denker haben erkannt, wie wichtig es ist, aus der sequentiellen Ordnung der Zeit, der Erfahrung von Ereignissen hintereinander, herauszutreten, um die Ewigkeit zu entdecken. Aldous Huxley sagt in seiner Abhandlung über die Ewige Philosophie: „Der gegenwärtige Augenblick ist die einzige wirksame Kraft, durch die die Seele aus der Zeit in die Ewigkeit, die Gnade aus der Ewigkeit in die Seele und Barmherzigkeit von einer Seele in der Zeit in eine andere Seele in der Zeit eintreten kann". Es ist richtig, daß wir für wirkliche Kommunikation mit anderen Menschen im gegenwärtigen Augenblick sein müssen.

Wie früher schon erwähnt, reden wir aneinander vorbei, wenn wir uns geistig in der Vergangenheit oder Zukunft aufhalten. Aus Huxleys Zitat können wir sehen, daß der gegenwärtige Moment die einzige Gelegenheit ist, mit dem Göttlichen in Verbindung zu treten. Wenn wir ständig bemüht sind, „dorthin zu gelangen", werden wir immer in der Zukunft sein und unser

Ziel nie erreichen. Wir können die Ewigkeit nur **Jetzt** erfahren, die Gnade des Absoluten nur **Jetzt** empfangen. Unser Konzept über die Zeit und die Bedeutung von Vergangenheit und Zukunft hält uns vom Handeln ab. Der große Meister Eckhart sagt: „Zeit ist das größte Hindernis zwischen Mensch und Gott." Er betont, daß der „Makel und der Geruch der Zeit" uns von Gott trennen. Viele andere Meister aus verschiedenen religiösen Traditionen haben den Verzögerungseffekt der Zeit auf unsere spirituelle Entwicklung erkannt. Wenn das so ist, wie konnten wir durch die Zeit so hypnotisiert werden?

Um diese Frage zu beantworten, müssen wir das Wesen von Körper, Geist und Seele erforschen. Wenn wir den Körper und sein Verhältnis zur Zeit untersuchen, stellen wir fest, daß er nur auf eine lineare Weise lernen und Erfahrungen machen kann. Der Körper kann Ereignisse nur nacheinander erleben. Der Geist ist von Natur aus zeitlos, die Psyche kann sich zwischen beiden Welten bewegen. Aufgrund unserer körperlichen Konstitution ist es schwierig, lange Zeit mit dem Geist identifiziert zu bleiben.

Um zu verstehen, wie die Zeit uns im Griff hat und unsere Entwicklung beeinflußt, müssen wir uns anschauen, wie sich ein menschliches Wesen durch die Zeit bewegt und von ihren verschiedenen Elementen angezogen wird. Kindern fällt es leicht, im Augenblick zu leben, denn wir werden in diesem Zustand geboren, ähnlich wie ein Tier, das nur im Augenblick existiert. Im Laufe unseres Lebens folgen wir der Reihenfolge der Ereignisse und fangen an, über die Vergangenheit und Zukunft nachzudenken. Bald sind wir im Netz der Zeit gefangen und erleben Schuldkomplexe wegen der Vergangenheit und Angst vor zukünftigen Ereignissen. Alles Grübeln über die Vergangenheit und Zukunft führt nur in eine Richtung – zur Illusion und Erzeugung von trügerischen Gedankenkristallen. Wenn wir nicht in der Gegenwart leben, sind wir nicht in der

Wirklichkeit. Wir sehen und erfahren das Leben nicht, wie es wirklich ist. Mit zunehmender Reife und größerer Bewußtheit können wir das kindliche Gefühl der Ehrfurcht und Verwunderung über den gegenwärtigen Augenblick wiedergewinnen. Ein wissendes Vertrauen ersetzt falsche Hoffnung, und wir erreichen eine höhere Ebene des Seins. Dann leben wir nicht auf die naive Weise eines Tieres, sondern mit dem klaren Wissen, wer wir wirklich sind, im Augenblick. Denn wenn wir reif sind, hat hoffentlich „Selbstlosigkeit dem positiven Eigendünkel selbstgefälliger Erinnerungen und dem negativen Eigendünkel von Gewissensbissen ein Ende gesetzt", wie Huxley es so treffend ausdrückt. Wir halten uns nicht mehr in unseren positiven und negativen geistigen Tonbändern auf; wir leben im ewigen Augenblick.

Bewußt im ewigen Augenblick zu sein, hat Konsequenzen auf globaler und persönlicher Ebene. Historisch gesehen, sind politische und religiöse Philosophien, die mehr an der Ewigkeit als an zeitgebundenen Ereignissen orientiert sind, auch die friedlichsten und gewaltlosesten, wie zum Beispiel Buddhismus, Hinduismus und die Religion der Quäker. Im Gegensatz dazu waren jüdische, christliche und islamische Traditionen immer von Ereignissen in der Zeit besessen. Während die Ewigkeits-Philosophie Gott um seiner selbst willen verehrte, beteten die mehr zeitorientierten Philosophien und Religionen zu Gott, um Hilfe für ihre End-Ziele zu erbitten. Es sollte eine ideale Situation oder Umgebung in der fernen Zukunft geschaffen werden; um dieses Ziel zu erreichen, waren die Anhänger zeitorientierter Religionen bereit, zu töten und zu foltern.

An diesen Beispielen kann man erkennen, wie wichtig es ist, zum gegenwärtigen Augenblick zu erwachen. Die globalen und persönlichen Konsequenzen sind offensichtlich, denn Veränderung kann nur im gegenwärtigen Moment geschehen. Die

Gegenwart ist der Kraftpunkt, von dem aus wir handeln und etwas verändern können. Alles andere ist Illusion. Unsere Kraft und unsere Möglichkeiten liegen in diesem Moment.

Wer ein Haus des Glücks
für die Zukunft baut, baut
ein Gefängnis für
die Gegenwart.

Octavio Paz

Übung 9 a

Im Augenblick sein

Du kannst diese Übung mit offenen oder geschlossenen Augen ausführen. Setze oder lege dich entspannt hin. Atme entspannt ein und aus. Beobachte, was in dir vor sich geht. Laß alle Gedanken und Gefühle ungehindert durch dich durchfließen. Bleibe neutral und laß alles so sein, wie es ist. Durch die Beobachtung kann es geschehen, daß dein Verstand ruhiger, der Gedankenfluß langsamer wird.

Beobachte, wie oft du mit deinen Gedanken in der Vergangenheit oder Zukunft bist. Bringe dich sanft wieder in die Gegenwart zurück.

Du kannst diese Übung fast überall machen, wo du gerade bist: beim Spazierengehen, an der Bushaltestelle, beim Bügeln usw.

Variante zu dieser Übung:
Jedesmal, wenn ein Gedanke auftaucht, sage zu Dir selbst: „Denken, denken."

Übung 9 b

Wer ist die Ursache?

Erstelle eine Liste der wichtigsten Ereignisse und erreichten Ziele in deinem Leben. Untersuche, wie es dazu gekommen ist. Hast du dich wirklich „entschieden", diese Realitäten zu schaffen? Wenn ja, was brachte dich dazu, diese Entscheidungen zu treffen? Untersuche deine Motivationen. Was treibt dich dazu, der zu sein, der du bist?

Kapitel 10

Eine Reise in grundlose Freude

Bis jetzt haben wir uns darauf konzentriert, welche negativen Auswirkungen das Festhalten an Glaubenssystemen und Urteilen auf unser Verhalten und Zusammenleben hat.

Auf der positiven Seite tragen enge Beziehungen zu anderen Menschen dazu bei, uns erfüllter und mit dem ganzen Planeten verbunden zu fühlen. Wenn wir uns jedoch so sehr mit unserer Umwelt, Freunden, Karriere usw. identifizieren, daß wir glauben, ohne sie nicht leben zu können, werden wir abhängig.

Solange wir andere Menschen zur Befriedigung unserer Bedürfnisse (miß)brauchen, sind wir nicht frei. Erst wenn wir in uns selbst ruhen, können wir wirklich Liebende werden. Jemand zu lieben und ihm die Freiheit zu lassen, nach Belieben zu kommen, zu gehen und zu tun, was immer er braucht, um Erfüllung zu finden, ist die große Herausforderung für ein menschliches Wesen. Zu lieben, ohne den anderen zu besitzen oder als selbstverständlich hinzunehmen, erfordert Achtsamkeit, Geduld und die Bereitschaft, sich mit seinem ganzen Sein darauf einzulassen.

Wenn wir ein erfülltes Leben führen und bewußt im Augenblick sein wollen, müssen wir uns aus unseren Bindungen und

Abhängigkeiten lösen, für uns selbst sorgen und die volle Verantwortung für unser Leben übernehmen, was auch immer geschieht. Dazu brauchen wir sehr viel Mut, vor allem am Anfang. Unbewußte, verdrängte und vergessene Teile von uns können an die Oberfläche kommen und Angst und Schmerz auslösen. Wir können jedoch nur frei werden, wenn alle Aspekte unseres Seins im Gleichgewicht und in Harmonie mit dem Universum sind.

Am Anfang, wenn wir in diese Welt kommen, muß der Geist eine Identität annehmen, um sich selbst Struktur und Form zu geben und einen Sinn im Leben zu finden. Die Facetten und Aspekte einer bestimmten Identität geben uns die Möglichkeit, diese Form der Wirklichkeit auszuleben und aus den damit verbundenen Erfahrungen zu lernen. Wie ein Schauspieler auf der Bühne übernehmen wir im Spiel des Lebens einen bestimmten Part und erleben Freude und Leid, Einsamkeit und Nähe, Geburt und Tod dieser Existenz. Nur vergessen wir oft, daß es sich um ein Spiel handelt und wir nur eine vorübergehende Rolle angenommen haben. Manchmal spielen wir unsere alte Rolle auch dann noch weiter, wenn längst ein anderes Stück gespielt wird. Vielleicht wird auf der Bühne des Lebens eine Komödie aufgeführt, und wir bleiben in der Rolle des tragischen Helden stecken. Zu verschiedenen Zeiten unseres Lebens können wir eine Vielzahl von Identitäten annehmen, um aus den jeweiligen Erfahrungen zu lernen und bestimmte Wahrheiten zu erkennen.

Welche Rolle wir bevorzugen, wird zum großen Teil von unseren Eltern beeinflußt. Als Kinder identifizieren wir uns nahezu völlig mit ihnen; wir saugen ihre Identität ein und übernehmen ihre Verhaltensmuster fast wie durch Osmose. Sie sind unser Orientierungspunkt, unser Wegweiser und unser erster Spiegel der Erfahrung. Unsere Psyche wird durch ihr Beispiel geformt; von ihnen lernen wir, auf die Herausforderungen des Lebens zu reagieren. Sie vermitteln uns das Wissen und die Kenntnisse, um in dieser Welt zu überleben und sich zurechtzufinden. Solange wir klein sind, sind wir völlig von ihnen abhängig; sie ernähren uns und geben uns Wärme und Sicherheit. Wir stellen ihre Handlungen nicht in Frage, denn sie garantieren unser Überleben.

Kinder lernen durch Nachahmung. Bewußt oder unbewußt imitieren wir die Lebensweise unserer Eltern auch dann, wenn wir längst erwachsen sind. Unsere Eltern sind unsere ersten Lehrer auf dem Lebensweg. Doch mit Beginn oder Ende der Pubertät ist dieser Lernprozeß abgeschlossen, und wir müssen beginnen, unserem eigenen Weg zu folgen.

Wenn der Lernprozeß behindert wurde oder wir auf einer entscheidenden Stufe der kindlichen Entwicklung ein Trauma erlitten haben, kann dieser Punkt in unserem Erwachsenenleben wieder auftauchen. Eine der häufigsten Folgen ist, daß wir uns später einen Partner suchen, der einem Elternteil ähnelt, damit wir die alten vertrauten Verhaltensmuster fortsetzen können. Eine Frau, die ihre Mutter in der Opferrolle und den Vater in der Rolle des dominanten Retters erlebt hat, wird sich wahrscheinlich einen Partner suchen, der ebenfalls den dominanten Retter spielt. Die polarisierten Identitäten bedingen einander und schaffen ein Muster der gegenseitigen Abhängigkeit. Im allgemeinen suchen wir Beziehungen mit Menschen, die den Schattenaspekt unserer eigenen aktiven Rolle ausleben. Sogar die Rebellion gegen elterliche Autorität, wie sie bei Jugendlichen oft vorkommt, ist ein deutliches Zeichen einer starken Identifizierung mit den Eltern. Wenn wir uns gegen eine Rolle auflehnen, werden wir von ihr ebenfalls stark dominiert, wenn nicht mehr. Alle Jugendlichen, die im Zorn ihr Elternhaus verlassen und aus Trotz genau das Gegenteil von dem tun, was ihre Eltern von ihnen erwarten, haben das Gefängnis der Abhängigkeit nie verlassen.

Unsere Eltern für ihre Fehler und Schwächen zu beschuldigen, macht uns jedoch nicht frei. Sie waren selbst konditioniert und haben auf ihrer Wissensebene das Beste für uns getan, was sie konnten. Niemand, auch unsere Eltern nicht, will bewußt einen anderen Menschen verletzen. Alles Leid und das sogenannte „Böse" sind eine Folge von mangelndem Wissen und Unbewußtheit. Wenn wir uns des göttlichen Gesetzes von Ursache und Wirkung bewußt wären, gäbe es nicht soviel Gewalt in dieser Welt.

Die unbewußten Muster der Vergangenheit mit ihren endlosen Mißverständnissen müssen geheilt werden, damit wir zu unserem inneren Zentrum zurückfinden und unsere eigene Autorität wiedergewinnen. Der Schlüssel zu dieser inneren Freiheit ist nicht Anklage, sondern Vergebung. Bevor wir anderen verzeihen können, müssen wir jedoch den Mut aufbringen, all unsere Gefühle von Wut, Trauer und Verletzung zu spüren, die wir über viele Leben angesammelt haben. Wenn wir die Konditionierungen aus der Vergangenheit und unsere Phantasien über die Zukunft loslassen, bringen wir unsere Beziehungen in die Gegenwart. Das mag zuerst riskant erscheinen. Wir könnten Überraschungen erleben, auf die wir uns nicht vorbereitet fühlen; wir werden vielleicht verletzlicher und verwundbarer, aber gleichzeitig auch lebendiger und offener. Wir müssen selbst entscheiden, ob wir dieses Risiko auf uns nehmen.

Im Laufe unseres Lebens ist es notwendig, verschiedene Identitäten und Verhaltensweisen auszuprobieren, ohne daran zu hängen, denn jede kann uns etwas Einzigartiges lehren. Keine ist besser oder schlechter als die andere.

Nur mit Flexibilität können wir über unsere Grenzen hinausgehen und zu den unendlichen Möglichkeiten des Seins vorstoßen. Polarisierte Identitäten, die eine Basis für Co-Abhängigkeit schaffen, wie Opfer/Retter, Empfänger/Geber, stark/schwach, müssen neutralisiert werden, um die Mauern unserer

Konditionierung zu durchbrechen. Wenn wir nur eine Seite der Polarität sehen und erfahren, reduzieren wir unser grenzenloses Potential auf das Dasein eines Roboters, der nur die einprogrammierte Rolle spielen kann. Damit wir zum Regisseur im Spiel des Lebens werden, müssen wir nicht nur die gerade gelebte Rolle neutralisieren, sondern auch ihr polares Gegenteil, das im Schatten unseres Geistes verborgen ist. Je mehr wir uns der vollen Erfahrung aller Aspekte unseres Selbst nähern, desto mehr kommen wir in Kontakt mit dem Absoluten, in dem alle Gegensätze aufgehoben sind und die Identitäten verschwinden.

Einen wichtigen Faktor sollten wir jedoch nicht übersehen. Wenn wir uns ein Konzept über das **Selbst** zurechtlegen, sozusagen ein echtes Selbst unter lauter falschen, bleiben wir von der göttlichen Ganzheit getrennt. Wir haben nur eine weitere Identität und damit Grenzen geschaffen. Unsere Konzepte über „Kern-Selbst", „höheres Selbst" und alle Vorstellungen darüber, was das sein könnte, müssen ebenfalls neutralisiert werden.

Jedes Individuum ist in jedem Augenblick in Kontakt mit dem universellen Wissen. Jeder von uns kann die Schleier der „Selbst"-Täuschung entfernen und die grenzenlose Fülle des Wissens erfahren. Wir können und sollten Veränderungen nicht von anderen erwarten. Wir haben nur eine Chance, und die ist **Jetzt**. Wenn wir einsehen, daß das Kern-Selbst die Quelle aller Erfahrung ist, wissen wir auch, daß wir als individuelle Verkörperung des Kern-Selbst, die Verantwortung und Verpflichtung haben, Veränderungen zuerst in uns selbst herbeizuführen.

Wenn wir uns öffnen, tragen wir dazu bei, daß sich auch andere öffnen. Je mehr Menschen an der Entwicklung ihres Bewußtseins arbeiten und die Ketten der Unbewußtheit abwerfen, umso leichter können andere ihnen folgen, denn das Wissen und die Erfahrung der Pioniere wird Teil des menschlichen Energiefeldes. Später können andere in dieses lebende „Energiefeld des Wissens“ eintreten und schneller in ihrer Entwicklung vorwärtskommen. Unsere Anstrengungen nützen also nicht nur uns selbst, sondern auch anderen.

Wenn wir unsere Identitäten und Verhaltensmuster „neutralisieren”, lösen wir Schicht für Schicht die kristallisierten Gedankenformen auf, die in der Zellstruktur unseres Körpers abgelagert sind. Beim Core Empowerment Training können während der Übungen zur Auflösung alter Muster im Körper endotherme und exotherme Reaktionen auftreten. Manche Menschen spüren ein starkes Wärmegefühl in der Herzgegend oder im Solarplexus. Dies sind deutliche Zeichen, daß sich in uns tatsächlich auf einer physischen Ebene etwas verändert. Im Verlauf dieses Klärungsprozesses lassen wir den vertrauten geistigen Rahmen unserer Existenz hinter uns. Wir verlassen die Sicherheitszone und betreten den Raum des Unbekannten und des Risikos. Dieser Raum kann zunächst erschreckend sein, belohnt uns dann jedoch mit dem Gefühl neu gewonnener Freiheit und der Freude, alle Aspekte des Lebens und unser Menschsein zu genießen. Wir erliegen nicht mehr der Versuchung, im Spiel des Lebens die Regie zu übernehmen, denn wir erkennen, daß wir selbst Leben SIND.

Je neutraler wir werden, umso geringer wird die Tendenz, unangenehme oder negative Erfahrungen zurückzuweisen. An einem bestimmten Punkt akzeptieren wir negative und positive Erfahrungen als natürlichen Rhythmus im Fluß des Lebens. Wir erleben eine grundlose Freude, weil wir nicht mehr erwarten, daß uns nur bestimmte angenehme Erlebnisse glücklich machen. Sogenannte negative Erfahrungen können wie ein Katalysator wirken, der unsere innere Kraft verstärkt. Wenn wir uns allen Erfahrungen öffnen und hingeben, kann das universelle Wissen ungehindert durch uns hindurchfließen.

Eine Teilnehmerin des Core Empowerment Trainings berichtete über eine solche Erfahrung: „Nach dem ersten Wochenende des Trainings machte ich abends eine der Übungen, die ich gelernt hatte. Ich begann, einige der Gedankenkristalle über mich selbst aufzulösen. Ich war schon fast eingeschlafen, als ich plötzlich eine Veränderung in meinem Körper bemerkte. Ich spürte deutlich, wie alle Spannungen aus meinem Körper herausflossen und er ganz hell und durchsichtig wurde. Ich hatte das Gefühl, als ob in jede Zelle meines Wesens Wissen und Liebe hineinfließen würden. Mein Körper wurde zu einem vibrierenden Netz von Lichtpunkten. Ich war voller Frieden und fühlte mich total geborgen in diesem Licht. Es gab keine Trennung mehr zwischen mir und dem Universum. Ich bin sicher, daß sich in meinem Körper wirklich etwas geändert hat. Er ist für mich kein schwerfälliges Ding mehr, sondern etwas sehr Lebendiges." Wenn wir die Blockierungen durch Gedankenkristalle auflösen und uns öffnen, können wir eine Freude ohne Grund empfinden, die nicht durch materielle Dinge oder äußere Reize genährt wird, sondern durch die Essenz unseres Seins.

In diesem Jahrhundert haben wir unseren Geist dazu benutzt, immer tiefer in die Geheimnisse der Materie einzudringen. Wir können jetzt über den Geist hinausgehen und auf unser Herz und unsere Empfindungen vertrauen, um die unendlichen Dimensionen unseres Bewußtseins zu erforschen. Die Qualität unseres Bewußtseins bestimmt die Qualität unseres Lebens, jetzt und in der Zukunft. Es liegt in unserer Hand, was aus uns und unserer Erde wird. Wenn wir unsere Gedanken, Motive, Gefühle und Handlungen ins Licht des Bewußtseins bringen, werden sich unsere Erfahrungen ändern. Wir können unsere konditionierte Vergangenheit abstreifen und uns für Freiheit und Verantwortung entscheiden. Wir haben die Wahl. Jeder von uns trägt in jedem Augenblick zur Gestaltung der Schöpfung bei. Dies bewußt und verantwortlich zu tun, ist die große Herausforderung unserer Zeit.

Laß die Freude ein Begleiter auf Deiner Reise sein!

Denk nicht! Denken ist der
Feind der Kreativität.
Du kannst nicht versuchen, die Dinge
zu tun. Du mußt sie
einfach tun.

Ray Bradbury

Übung 10 a

Co-Abhängigkeit untersuchen

Erinnere dich an deine früheren Beziehungen zum anderen Geschlecht. Schreibe sie auf. Bemerke Ähnlichkeiten mit der Beziehung zwischen deinen Eltern und auch mit deiner Beziehung zu deiner Mutter (deinem Vater). Bemerke Wiederholungsmuster in all diesen Beziehungen.

Übung 10 b

Wie ein Spiegel

Setz dich bequem hin, atme tief ein und aus und entspanne deinen Körper und deinen Geist. Während dieser Übung sollst du ein völlig passiver Beobachter deiner Umgebung sein. Stell dir vor, du bist ein Spiegel, der seine Umgebung reflektiert. Erlaube dir selbst zu beobachten, ohne zu reagieren, ohne etwas zu „tun", ohne etwas zu ändern. Erlaube dir selbst, wie ein Spiegel zu sein – einfach eine Reflexion aller Objekte um dich.
Versuche dann, diese Übung auf ein schmerzliches Erlebnis anzuwenden. Beobachte die Erinnerung an diese Erfahrung völlig neutral, ohne eine Reaktion.

Übung 10 c

Der Dankbarkeits-Spaziergang

Mach einen Meditations-Spaziergang von einer halben Stunde und danke allem, was du siehst, hörst und erlebst.

Was immer in dir oder außerhalb von dir auftaucht, begrüße es und sage bewußt: Danke! Entwickle ein Gefühl von Dankbarkeit auch für die Erfahrungen, die du als unerfreulich oder „negativ“ ansiehst. Jede Erfahrung ist eine Gelegenheit zu wachsen und zu lernen.

Glossar

das Absolute: der göttliche Aspekt der universellen Ganzheit

"bewußt": wenn es in Anführungstriche gesetzt ist, wird das Wort in seiner üblichen Bedeutung gebraucht: unser normaler Geisteszustand, wenn wir wach sind und durch die Muster unseres täglichen Lebens gehen. Tatsächlich sind unsere meisten Aktivitäten durch vergangene Erfahrungen vorprogrammiert und deshalb eigentlich unbewußt

bewußt: wenn wir wirklich wach und im gegenwärtigen Augenblick sind

bewußter Geist: erfaßt (Sinnes-)Wahrnehmungen wie Klang, Geruch, Geschmack, Sehen, Sprache, Ideen

body electronics: ein von John Ray entwickeltes System von Körperübungen, in dem bestimmte Körperpunkte und eine spezielle Ernährung benutzt werden, um Gedankenkristalle loszulassen

Dualität: der Doppelaspekt unserer Wirklichkeit

Ego: die vorherrschende Identität, die wir von uns selbst geschaffen haben

Gedankenkristalle: Urteile, Glaubenssätze und Überzeugungen, die im Geist und im Körper kristallisiert wurden. Sie bringen uns dazu, auf Lebenssituationen in vorbestimmter Weise zu reagieren

Identität: vollkommene Gleichheit oder Übereinstimmung in bezug auf Dinge oder Personen; Wesensgleichheit

Intellekt: unsere Fähigkeit zu logischem und rationalem Denken

das kollektive Unbewußte der Gesamtaspekt der menschlichen Unbewußtheit, in der wir alle gefangen sind

"Knöpfe drücken": eine Reaktion im andern hervorrufen, indem die wunden Punkte stimuliert werden

konditionierte Reaktionsmuster: Verhaltensstrukturen, die durch einen Stimulus oder Reiz in der Vergangenheit ausgelöst wurden und im allgemeinen wiederholt werden, wenn sie einem ähnlichen Stimulus ausgesetzt werden

Krankheit: Veränderung im Körper, die seine Funktion beeinträchtigt. Gelegenheit und Aufgabe, zu lernen und sich zu entwickeln

morphisches Feld: ein geordnetes Feld im Raum, das eine bestimmte Resonanz von kodiertem Wissen oder Gedächtnis enthält. Es steht in Wechselwirkung mit anderen Feldern, die eine ähnliche Frequenz aufweisen

Persönlichkeit: die Summe der „Ichs", die den unverkennbaren Charakter jedes Individuums ausmachen

polarisierte Identität: der Doppelaspekt unserer Identität. Menschen neigen dazu, sich nur mit einer Seite zu identifizieren, und sind sich der Gegenwart des polaren Gegenteils nicht bewußt

Polarität: die zwei Pole der Wirklichkeit mit entgegengesetzten Schwingungsfrequenzen

Raum-Zeit-Kontinuum: höhere geistige Ebene, auf der alles Wissen zugänglich ist

Schatten: das im Unterbewußten verborgene Gegenteil der polarisierten Identität, die gerade gelebt wird

unbewußter Geist: nimmt alle Informationen auf, auch im Koma und im Schlaf, und speichert sie

Unterbewußtsein: geistige Vorgänge unterhalb der Schwelle des Wachbewußtseins

Einleitung zu den Checklisten

Die ersten beiden Checklisten sollen dir helfen, eine Bestandsaufnahme deiner gegenwärtigen Lebenssituation zu machen. Die erste Liste soll dir die Richtung deiner vorherrschenden Muster zeigen, damit sie dir in deinem Alltag mehr bewußt werden. Es kann dabei sehr hilfreich sein, ein Tagebuch zu führen.

Die zweite Checkliste soll dich unterstützen, deine gegenwärtige Lebenssituation genauer anzuschauen, um dir klar zu werden, wo du in deiner Entwicklung stehst und was du bis jetzt erreicht hast. Du kannst sehen, auf welchen Gebieten du noch mehr an dir arbeiten mußt.

Die dritte Checkliste ist dafür gedacht, Entscheidungen zu treffen und Ziele zu setzen. Sie hilft dir, die Schritte zu formulieren, die du unternehmen willst, um die Ziele zu erreichen. Nimm dir Zeit, um alle drei Checklisten durchzuarbeiten. Sie können dir mehr Klarheit darüber geben, wo du im Fluß deines Lebens gerade bist, und dir helfen, deinen Kurs für die Zukunft zu bestimmen.

Checkliste für persönliches Wachstum

Wenn wir uns selbst ehrlich beobachten, können wir herausfinden, daß wir auf Lebensumstände in einer ganz bestimmten Art und Weise reagieren. Das können Gedankenmuster, emotionale Muster, Verhaltensmuster oder Kombinationen von allen drei Mustern sein. Die folgende Checkliste kann dir helfen, Muster zu erkennen, die in deinem Leben immer wieder auftauchen. Du wirst mit den Gebieten in Berührung kommen, auf denen Veränderungen notwendig sind.

Finde das Wort heraus, das am besten die Häufigkeit beschreibt, mit der du in die folgenden Muster hineinfällst.

Gedankenmuster

Bist du...?

- ___ zynisch
- ___ pessimistisch
- ___ optimistisch
- ___ unrealistisch (“gut“ oder „schlecht“ übertreibend)
- ___ überkritisch gegen dich
- ___ überkritisch gegen andere
- ___ darauf aus, Fehler zu finden
- ___ unentschlossen
- ___ darauf aus, andere Menschen zu kontrollieren
- ___ darauf aus, Situationen zu kontrollieren
- ___ darauf aus, recht zu haben
- ___ jemand, der sich ständig mit einem Gedanken oder
- ___ Thema beschäftigt
- ___ jemand, der nicht verzeiht
- ___ ein Opfer der Umstände
- ___ gierig
- ___ liebevoll
- ___ nicht gut genug
- ___ hilflos
- ___ ein Zweifler
- ___ .... *Setze Muster ein, die*
- ___ .... *nicht in der Tabelle*
- ___ .... *enthalten sind*

0 – nie **1** – selten **2** – gelegentlich **3** – häufig **4** – fast immer

Emotionale Muster

Bist du ... ?

___ enthusiastisch
___ lethargisch
___ ängstlich
___ reizbar
___ ärgerlich, wütend
___ nachtragend
___ jemand, der Angst vor anderen hat
___ jemand mit Angst vor Nähe / engen Beziehungen
___ jemand, der Angst vor dem Sterben hat
___ jemand, der Angst vor dem Alleinsein hat
___ von Kummer erfüllt
___ jemand, der zu Phobien neigt
___ niedergeschlagen
___ traurig
___ einsam
___ jemand, der sich schuldig fühlt
___ ohne Hoffnung
___ passiv
___ aggressiv
___ emotional erstarrt
___ ....
___ ....
___ ....

Setze Muster ein, die nicht in der Tabelle enthalten sind

0 – nie **1** – selten **2** – gelegentlich **3** – häufig **4** – fast immer

Verhaltensmuster

Bist du süchtig nach ... ?

___ Alkohol
___ Kaffee
___ schwarzem Tee
___ Cola
___ Schokolade
___ Tabak
___ Zucker
___ Drogen/Tabletten
___ Sex

0 – nie **1** – selten **2** – gelegentlich **3** – häufig **4** – fast immer

Verhaltensmuster

Bist du gewohnheitsmäßig ... ?

___ gefallsüchtig
___ jemand, der zuviel ißt
___ ein Exhibitionist
___ jemand, der flirtet
___ ein Macho
___ ein Märtyrer
___ depressiv
___ ein Lügner
___ ein Verlierer
___ ein Langschläfer
___ jemand, der an Schlaflosigkeit leidet
___ ein „Dreckfink"
___ zwanghaft ordentlich
___ ....
___ ....
___ ....
___ ....
___ ....
___ ....
___ ....

Erkennst du andere Gewohnheitsmuster oder Zwänge in dir, wie zum Beispiel sich ständig verlieben, heiraten, sich scheiden lassen usw.?

0 – nie **1** – selten **2** – gelegentlich **3** – häufig **4** – fast immer

Leistungs-Checkliste

Nachdem du mit der Checkliste für persönliches Wachstum fertig bist, nimm dir Zeit, deine vergangenen und derzeitigen Leistungen in den folgenden Bereichen zu überprüfen.

1. Spiritualität
2. Glück
3. Familienleben
4. Andere enge Beziehungen
5. Erziehung/Ausbildung
6. Beruf und Karriere
7. Finanzen
8. Gesundheit

Nimm dir Zeit und schreib auf, was du erreicht hast, wo du jetzt stehst usw. Füge Notizen und Kommentare hinzu, die dir helfen, deine jetzige Position besser einzuschätzen.

Checkliste für Entscheidungen und Ziele

Nachdem du die Ergebnisse aus der Checkliste für persönliches Wachstum mit deinen Leistungen verglichen und eine Bilanz gezogen hast, richte deine Aufmerksamkeit jetzt auf die Zukunft.

Was sind deine Ziele in den acht Bereichen? Wenn du Zeit für deine Entscheidungen brauchst, nimm sie dir. **Entscheide dich jetzt**. Schreibe deine Ziele auf. Mach nicht weiter, bevor du das getan hast!

Du hast jetzt deine Ziele vor dir.

BIST DU TOTAL BEREIT, DIE NOTWENDIGEN SCHRITTE ZU UNTERNEHMEN, UM DEINE ZIELE ZU VERWIRKLICHEN?

Falls du in einem der Bereiche nicht bereit bist, eine Verpflichtung zur Verwirklichung deiner Ziele einzugehen – STOP! Streiche dieses „Ziel" aus deiner Liste. JETZT.

Jedes „Ziel", das nicht mit einer klaren Verpflichtung verbunden ist, die notwendigen Schritte zu seiner Verwirklichung zu unternehmen, bleibt nur eine Phantasie. UND DIESE PHANTASIE WIRD DEINE PSYCHISCHE UND KREATIVE ENERGIE SCHNELLER AUFZEHREN, ALS DU DENKST.

Wenn du dieses Gewohnheitsmuster aus deinem Leben bereits kennst, weißt du, daß dieser Satz wahr ist. Trifft er auf dich zu? Ob ja oder nein, ist in diesem Moment nicht von Bedeutung. Was wirklich zählt, ist deine Bereitschaft, dich zu verändern. JETZT IN DIESEM MOMENT.

Was du jetzt tust, beeinflußt deine ganze Zukunft.
Nimm dir Zeit, genau zu entscheiden, was du in deinem Leben erreichen willst, und setze deine Ziele dementsprechend. Sobald du dir über deine Ziele in den einzelnen Bereichen klar geworden bist, nimm dir die Zeit, bestimmte Schritte zu planen, sie zu erreichen.

In einigen Fällen kannst du vielleicht schon erkennen, was du tun mußt. Wenn du noch nicht alle Schritte vor dir sehen kannst, schreibe wenigstens einen oder zwei auf. Dadurch verpflichtest du dich deinen Zielen und schaffst damit eine Ursache, die entsprechende Folgen nach sich zieht: Die weiteren Schritte werden in ihrem eigenen Rhythmus und zur richtigen Zeit auftauchen. Schon Goethe erkannte die Bedeutung, sich einem Ziel oder Plan zu verpflichten, und betonte, daß durch eine klare Entscheidung die göttliche Vorsehung in Gang gesetzt wird. Alle möglichen Dinge können geschehen, die sonst vielleicht nicht passiert wären. Einer Entscheidung kann ein ganzer Strom von Ereignissen zu unseren Gunsten entspringen: unvorhergesehene Zwischenfälle, Begegnungen und finanzielle Unterstützung, die wir nicht einmal im Traum für möglich gehalten hätten.

Du hast jetzt deine Ziele, deine Bereitschaft und deine Verpflichtung. Das einzige, was du jetzt noch tun mußt, ist die einfache Formulierung der ersten Schritte in die Richtung deiner Ziele.

Wie viele Schritte brauchst du? Nur einer für jedes Ziel genügt schon. Bei manchen Zielen ist es vielleicht besser, mehrere Schritte aufzuschreiben.

DER ENTSCHEIDENDE SCHRITT IST DER ERSTE. Ob dir der zweite, dritte oder vierte Schritt schon klar ist, spielt im Moment keine Rolle.

Nimm deinen Bleistift und gib dir soviel Zeit, wie du brauchst. Entscheide dich für die ersten Schritte und schreibe sie auf.

Entscheidungen und Ziele

1. Schritt 1 ______________________________
   Schritt 2 ______________________________
   Schritt 3 ______________________________

2. Schritt 1 ______________________________
   Schritt 2 ______________________________
   Schritt 3 ______________________________

3. Schritt 1 ______________________________
   Schritt 2 ______________________________
   Schritt 3 ______________________________

4. Schritt 1 ______________________________
   Schritt 2 ______________________________
   Schritt 3 ______________________________

5. Schritt 1 ______________________________
   Schritt 2 ______________________________
   Schritt 3 ______________________________

6. Schritt 1 ______________________________
   Schritt 2 ______________________________
   Schritt 3 ______________________________

7. Schritt 1 ______________________________
   Schritt 2 ______________________________
   Schritt 3 ______________________________

8. Schritt 1 ______________________________
   Schritt 2 ______________________________
   Schritt 3 ______________________________

Überprüfe nochmal deine Entscheidungen und mach den ersten Schritt. Gute Reise!

Über die Autoren

Paula Horan Ph.D. ist Psychologin und Dozentin, Autorin und Leiterin von Seminaren, die das in uns schlummernde Potential entfalten helfen. Als inspirierende Lehrerin verbringt sie fast das ganze Jahr unterwegs, unterrichtet in vielen Ländern der Erde und macht die Teilnehmer ihrer Seminare mit zahlreichen wenig bekannten Aspekten unserer Seele und unseres Körpers vertraut.

In Paula kommen viele Eigenschaften der neuen Frau des 21. Jahrhunderts zusammen, die die Kultur der Menschheit zu einer neuen und andersgearteten Blüte führen wird. Sie ist vielseitig ausgebildet, hat in vielen Lebensbereichen aus der Praxis gelernt: Sie hat Schauspielunterricht gegeben, als psychologische Beraterin und im Management gearbeitet, einen Kur- und Badebetrieb geleitet und auf einem Kreuzfahrtschiff als Massage-Therapeutin und Vortragsreisende gewirkt.

Alle diese verschiedenen Erfahrungen vermittelten ihr sehr solide und umfassende Kenntnisse. Darüber hinaus sieht sie aus eben diesen Erfahrungen sich ein *qualitativ* neues Wissen entwickeln: Schlüssel, die uns das innere Selbst erschließen. Auf dieser Grundlage hat Paula eine Reihe von Workshops entworfen, die Menschen aus ganz unterschiedlichen Kultur, Gesellschafts- und Berufskreisen ansprechen können, wie das allgemein positive Echo beweist.

Seit mehreren Jahren arbeitet sie als Reiki-Meisterin und führt Menschen in den 1., 2. und 3. Reiki-Grad ein.

Seit 1986 hat Paula es sich zur Aufgabe gemacht, Menschen dabei behilflich zu sein, die verschiedensten Werkzeuge, die der Selbstverwirklichung dienen, für sich zu entdecken.

C.E.T.[*)] ist ihre Synthese aus den besten und neuesten

Techniken auf dem Gebiet der menschlichen Bewußtseinsentwicklung.

Brigitte Elisabeth Ziegler M.A. studierte Germanistik und Kommunikationswissenschaften und arbeitete in vielen verschiedenen Bereichen: als Lehrerin an Realschulen, in der Erwachsenenbildung, als Redakteurin und in einer Werbeagentur. Sie hat Tanzunterricht gegeben und Meditations- und Entspannungskurse geleitet. 1988 wurde sie von Paula zur Reiki-Meisterin/Lehrerin ausgebildet.

Brigitte hat aus zahlreichen Methoden der Selbsterforschung und Bewußtseinsentwicklung Erkenntnisse und Erfahrungen gewonnen, die in das Core Empowerment Training eingeflossen sind: autogenes Training, Zen-Meditation und verschiedene tibetische Meditationspraktiken, kreatives Visualisieren und Traumarbeit, Enlightenment Intensive, Feuerlauf, Rebirthing und Reinkarnationstherapie. Mit dem Core Empowerment Training möchte sie Menschen in ihrem Lern- und Transformationsprozess unterstützen.

Brigitte führt das Training in deutscher, englischer und französischer Sprache durch.

Die Autorinnen sind an den Beobachtungen ihrer Leser sehr interessiert. Gedanken zu diesem Buch und Anfragen wegen Seminaren richten Sie bitte an:

Windpferd Verlagsgesellschaft
Kennwort »**Herzensmitte**«
Postfach
D-87648 Aitrang

(Legen Sie Ihrem Brief bitte einen adressierten und frankierten Rückumschlag bei).

*) Core Empowerment Training

Melissa Gayle West

Wenn ich nur eine bessere Mutter wäre...

Wenn Mütter sich schuldig fühlen und glauben, nicht gut genug oder nicht verfügbar genug zu sein. Ein Weg zu emotionalem Gleichgewicht und spirituellem Wachstum

Frauen, die Probleme mit dem Ideal der "guten Mutter" haben - und das sind 99 % aller Mütter -, werden dieses Buch begrüßen - weil es ihnen zeigt, wie sie ihren Ärger, ihre Frustration aus Überforderung und ihre fortwährenden Schuldgefühle und unproduktiven Selbstzweifel als Anlaß zu einem kreativen und spirituellen Umgang mit sich selbst verändern können. Ein wichtiges Buch, das die verborgenen Gefühle vieler Mütter in positivster Weise verändern wird.
Melissa Gayle West ist Mutter und Familientherapeutin.

176 Seiten, DM/SFr 19,90
ÖS 155,00 ISBN 3-89385-120-8

Cheryl Hetherington

Nie mehr abhängig sein

Erkennen und verändern: Beziehungsmuster, in denen man sich selbst verliert

Das Buch beschreibt mit kurzen Beispielen die Verhaltensmuster, die mehr als Indizien dafür sind, daß in Beziehungen zu viel Leid empfunden wird.
Co-Abhängigkeits-Muster werden diese Verhaltensweisen genannt, die sich vornehmlich als Reaktion auf einen oder mehrere Menschen beschreiben lassen. Wie kann man diese leidverursachenden Muster verlassen?
Das Buch bietet ein Lernprogramm, das hilft, bestimmte Dinge im Leben zu verändern - damit die eigenen Bedürfnisse angenommen und eigene Ziele entwickelt werden können: Für Co-Abhängige die wichtigste Aufgabe, die es in ihrem Leben zu lösen gibt.

144 Seiten, DM/SFr 19,80
ÖS 155,00 ISBN 3-89385-120-8

Walter Lübeck

Handbuch des spirituellen NLP

Geistige Brücken, die Herz und Verstand auf harmonische Weise verbinden und eine neue Lebendigkeit bewirken

Spirituelles NLP ist die gelungene Kombination von verschiedenen bewährten therapeutischen Modellen zu einem Kurzzeit-Therapie-Programm auf spiritueller Basis: die Förderung von Liebe, Bewußtsein und Eigenverantwortung – eine konsequente Weiterentwicklung bewährter Methoden, um essentielle Aufgaben zu bewältigen und große Lebensziele zu erreichen – durch Einbeziehung des Inneren Kindes und des Höheren Selbst. Spirituelles NLP berücksichtigt im besonderen spirituelle Erkenntnisse über Sinn und Struktur der menschlichen Existenz.

256 Seiten, DM/SFr 24,80
ÖS 194,00 ISBN 3-89385-124-0

Rosita Arvigo und Michael Balick

Die Medizin des Regenwaldes

Heilkraft der Maya-Medizin
Die 100 heilenden Kräuter von Belize

Noch heute gibt es im tropischen Regenwald Schamanen, die das alte Wissen um die Maya-Medizin und deren tiefe Weisheit hüten und weitergeben. Der Regenwald birgt unvorstellbar große Schätze einer verborgenen, heilkräftigen Pflanzenwelt.
Der Regenwald ist eine Heilstoffquelle – und eines der letzten ursprünglichen "Naturreservate", die es auf diesem Planeten noch gibt. Die Ethnobotaniker Dr. Rosita Arvigo und Dr. med. Michael J. Balick widmen sich ganz der Erhaltung und der Verwendung dieses traditionellen Wissens – und des Regenwaldes, aus dem es stammt.

240 Seiten, DM/SFr 24,80
ÖS 194,00 ISBN 3-89385-137-2

Péter Müller

Schlange und Kreuz

Ins Leben zurückgekehrt – Die authentische Schilderung eines Lebens zwischen den Welten

Es passierte während des 56er Aufstandes. Von mehreren Kugeln getroffen wechselte Péter Müller in eine andere Welt. Er hatte schon viel über die Nachtodwelt gehört und gelesen – aber nun war es doch ganz anders. Alles was so real. Er existierte ohne Körper, dachte ohne Körper – mit einem Unterscheid, da war kein Schmerz mehr, kein Kampf, kein Leid. Über seinem Körper schwebend, in seine leeren, weit aufgerissenen Augen blickend – fühlte er, daß er lebte – in einer Welt lebte, die er nicht sehen konnte, solange er noch Augen zum Sehen besaß...
Der Beginn einer faszinierenden Geschichte.

352 Seiten, DM/SFr 29,80
ÖS 233,00 ISBN 3-89385-134-8

Larry Moen

Meditationen zur Heilung

Die energetisierende Kraft wirkungsvoller Meditationen für die Reise nach innen – zu den Kraftzentren des großen inneren Heilers. Vermittelt von einigen der besten Meditationslehrer und Heiler der Welt.

»Meditationen zur Heilung« entfaltet unsere Selbstheilungskräfte auf vielen Ebenen durch heilende Visionen. Die Meditationen in diesem Buch heilen den Menschen, verändern sein Leben, wirken über das Bewußtsein in das Unterbewußtsein, öffnen die Herzensenergie und berühren den Körper.
Diese geführten Meditationen aktivieren auf sanfte, aufbauende Weise, lenken Gedanken bewußt in heilsame Schwingungsfelder und beenden oder transformieren überlebte Reaktionsmuster.

288 Seiten, DM/sFr 24,80
ÖS 194,00 ISBN 3-89385-123-2

Ferry Lackner

Das Licht der Engel

Ein "himmlisches" Einweihungsspiel und praktischer Leitfaden für die Begegnung mit Engeln und Schutzengeln

Das Licht der Engel ist ein praktischer Leitfaden für die Begegnung mit den Engeln. Die Engel-Karten ermöglichen eine spielerisch leichte Verbindung zu dem Schutzengel einer gegebenen Situation. So kann man sich über eine entsprechende Meditation mit Hilfe der Affirmations-Karten göttliche Inspiration und Eingebung erschließen. Die Zuordnung der Engel zu den verschiedenen Chakren und Lichtstrahlungen, ein genau strukturiertes Arbeitsprogramm, Anleitungen zur Bildmeditation und zum persönlichen Lebensbaum usw. erleichtern die praktische Verwirklichung der Engel-Energien im Alltag.

Set mit 78 Karten und 128seitigem Buch, DM/ SFr 49,80 ÖS 389,00 ISBN 3-89385-114-3

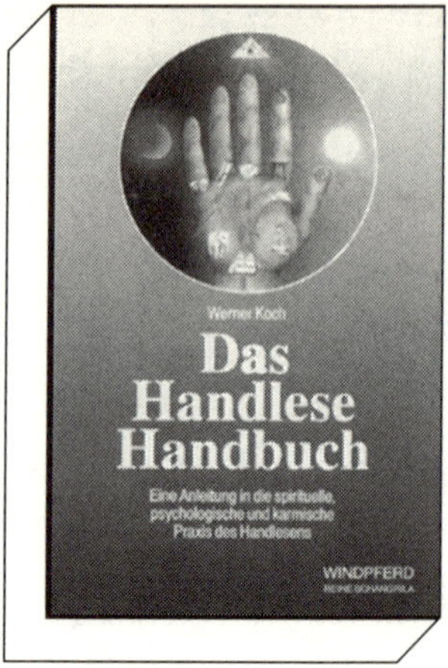

Werner Koch

Das Handlese - Handbuch

Eine Anleitung in die spirituelle, psychologische und karmische Praxis des Handlesens

Dieses hervorragend aufgebaute Buch ist eine Anleitung für die spirituelle, psychologische und karmische Praxis des Handlesens. Werner Koch zeigt, wie wir mit viel Respekt, Liebe und Verständnis die Geheimnisse der Hand entschlüsseln können: Handlesen als ein Prozeß der Selbsterfahrung.
Über Proportion, Form, Größe der Hand, der Finger, der Linien - dargestellt anhand vieler schöner und anschaulicher Abbildungen - erfahren wir alles, was zu einer umfassenden ganzheitlichen Deutung notwendig ist, erhalten Kenntnisse zur Datierung von Ereignissen in der Vergangenheit wie in der Zukunft.

240 Seiten, DM/SFr 24,80 ÖS 194,00 ISBN 3-89395-111-9